# EDUCACIÓN SENTIMENTAL

# Lado a Lado

El programa revolucionario madre-hija
para una comunicación libre de conflictos

# DR. CHARLES SOPHY
*con* BROWN KOGEN

# Lado a Lado

El programa revolucionario madre-hija
para una comunicación libre de conflictos

**OCEANO**

Diseño de portada: Barbara Fisher/LeVan Fisher Design
Fotografía de portada de la madre: shutterstock/Viorel Sima
Fotografía de portada de la hija: Sheeda Jamsheed
Fotografía del Dr. Charles Sophy: Michael Underwood / www.pineflatstudios.com

LADO A LADO
El programa revolucionario madre-hija para una comunicación libre de conflictos

Título original: SIDE BY SIDE: THE REVOLUTIONARY MOTHER-DAUGHTER PROGRAM FOR CONFLICT-FREE COMMUNICATION

Tradujo: María del Pilar Carril

© 2010, Dr. Charles Sophy y Brown Kogen

Publicado según acuerdo con HarperOne, un sello de HarperCollins Publishers

D.R. © Editorial Océano de México, S.A. de C.V.
Blvd. Manuel Ávila Camacho 76, piso 10
Col. Lomas de Chapultepec
Miguel Hidalgo, C.P. 11000, México, D.F.
Tel. (55) 9178 5700 • info@oceano.com.mx

Primera edición: 2013

ISBN 978-607-400-763-3
Depósito legal: B-31460-LV

*Quedan rigurosamente prohibidas, sin la autorización escrita del editor, bajo las sanciones establecidas en las leyes, la reproducción parcial o total de esta obra por cualquier medio o procedimiento, comprendidos la reprografía y el tratamiento informático, y la distribución de ejemplares de ella mediante alquiler o préstamo público.*

Hecho en México / Impreso en España
Made in Mexico / Printed in Spain

9003513010113

Algunos relatos contenidos en este libro se basan en experiencias con mis pacientes, en tanto que otros son una amalgama de mi trabajo. Se presentan aquí para ilustrar los puntos de vista que se expresan en el libro. Se han cambiado los nombres e identidades con el fin de proteger la confidencialidad de los pacientes.

# Índice

Introducción, 13

PARTE UNO
El trabajo inicial

1. Fortaleza: Las cuatro verdades, 21
2. Equilibrio: La clave de tu vida, 39
3. Claridad: Tu hija, tu oportunidad, 57

PARTE DOS
La estrategia de las sillas

4. Introducción a la estrategia de las sillas, 81
5. Paso uno: Observación e identificación de las posiciones de las sillas, 105
6. Paso dos: Cambio de posiciones de las sillas para avanzar en la solución del conflicto, 113
7. Paso tres: Desplazamiento por las posiciones para llegar a una resolución, 131

LADO A LADO

PARTE TRES
# Temas delicados

  8. El sexo y la transferencia percibida de la sexualidad, 151
  9. Dinero y valores, 183
10. Divorcio, 209


Epílogo, 227

Agradecimientos, 229

# Introducción

Con todo respeto, a menudo comparo la relación entre madre e hija con subirse a una montaña rusa, grande e intimidatoria como ésas que se ven desde muy lejos y cuyos pasajeros dan gritos que se oyen a kilómetros de distancia. Sin duda, partes de ese recorrido son emocionantes y muy divertidas, como lo que una madre siente cuando ella y su hija se llevan bien. Otros tramos de ese mismo recorrido provocan angustia, miedo o náusea, exactamente como se siente esa madre cuando ella y su hija discuten. Sin embargo, hay una gran diferencia. Al contrario de la experiencia en el parque de diversiones, el carro en el que la madre viaja con su hija nunca se detendrá, ni la barra de seguridad se abrirá automáticamente para dejarla bajar. Sin importar lo temible o intolerable que resulte por momentos el viaje con su hija, no hay posibilidad alguna de escapar. Este viaje es para siempre, y el carro no tiene barra de seguridad.

La verdad es que la mayoría de las madres no desean en realidad abandonar este camino, sino que más bien preferirían transitarlo a paso más lento, parejo y predecible; un camino con menos sobresaltos y giros estremecedores, que no incluyera, por ejemplo, que la hija de quince años salga embarazada o que la de treinta se vuelva adicta a las drogas. Nadie quiere pasar por eso. No obstante, es un hecho que cada pareja de madre e hija enfrenta retos y es inevitable que en algún momento se presente un problema que ponga a prueba la fortaleza de esta relación y cambie el curso de los acontecimientos.

Es indiscutible que variables como la genética, la personalidad, la posición socioeconómica y los antecedentes familiares influyen en la manera en que las madres abordan estos problemas, lo enardecidos que pueden llegar a ser estos conflictos y, por supuesto, cómo se resuelven. Sin embargo, aparte de estas variables, hay un factor fundamental que les dará a ti, madre, y a tu hija la mejor oportunidad de salir adelante de estos problemas inevitables sin perder su relación amorosa y sana en general: la comunicación respetuosa y franca. Esto no sólo garantizará un viaje con menos sobresaltos, sino que también fortalecerá el lazo entre madre e hija. Éste es nuestro objetivo.

Todas las madres e hijas quieren lo mismo: amor, comprensión, respeto, y lo quieren unas de otras. La madre quiere el amor, respeto y comprensión de la hija que trajo al mundo. Y la hija desea lo mismo de la mujer que le dio la vida. Muchas madres buscan orientación profesional porque su hija se comporta de cierta forma; por ejemplo, se hizo un tatuaje, se viste de manera poco decorosa o sale con alguien que el resto de la familia considera indeseable. Las conductas específicas pueden relacionarse con la edad, pero son simplemente la manifestación del deseo subyacente de sentirse comprendida, respetada y amada. La única forma en que la relación entre madre e hija puede evolucionar verdaderamente de manera sana, amorosa y sostenible es satisfacer esas necesidades. Todo se reduce a la comunicación, que es algo constante entre madres e hijas, aunque no siempre se comuniquen tan bien como podrían.

El hecho de que madres e hijas tengan dificultades no es, de ninguna manera, una premisa novedosa; han corrido ríos de tinta sobre el tema en libros y revistas, todo con el fin de comprender esta dinámica volátil en potencia. Sin embargo, ninguna publicación ha ofrecido el método directo y sencillo que presento en este libro. A decir verdad, hay algo que tú, la madre, puedes hacer para mejorar la relación con tu hija. Aquí tienes la oportunidad, una muy buena por cierto, de mejorarla, y mucho.

Depende de ti. ¿Por qué? Porque no sólo eres la conductora designada de la familia, sino que también eres, por principio de cuentas y ante todo, responsable de la existencia de tu hija. Independientemente de que concebir un hijo haya sido una decisión consciente, un error que al final decidiste celebrar o un arduo camino de tratamientos médicos de fertilidad, ¡gracias a ti ella está aquí! Ansiabas tener un bebé y crear una familia, diste los pasos necesarios para embarazarte o adoptar a tu hija y te comprometiste con esa misión. Esto, por sí solo, es un logro extraordinario. Es muy probable que tu media naranja (esposo, novio, pareja, ex) haya participado en esta hazaña y siga siendo parte de la unidad familiar a lo largo de tu viaje por la maternidad. De ser así, esa persona, sin duda, tiene un papel que desempeñar en la dinámica con tu hija. Sin embargo, la relación con ella debe ser ahora el centro de tu atención. Es tu responsabilidad aceptar plenamente el próximo reto y hallar una mejor forma de comunicarte con tu hija.

Muchas madres, debido al temor o a la falta de recursos, creen que no hay nada que puedan hacer para mejorar la relación con sus hijas. Sin embargo, existe una técnica que puedes usar que se basa en los recursos que ya posees. Con esta técnica he podido cambiar la vida de miles de madres e hijas. La llamo "la estrategia de las sillas". Esta táctica sencilla y eficaz orientada hacia la madre comienza con una imagen visual de la posición de dos sillas. Imagina que estas sillas representan la forma en que tú y tu hija se comunican. ¿Están situadas respaldo con respaldo y las dos han llegado a un punto muerto en el que son incapaces de entender el punto de vista de la otra? ¿Las sillas están colocadas frente a frente para permitir que cada una de ustedes manifieste con respeto puntos de vista contrarios? ¿O las sillas están lado a lado y ustedes dos trabajan en colaboración para sostener su relación? La respuesta a estas preguntas les permitirá a ti y a tu hija empezar a entender por qué sus intentos de comunicación prosperan o fracasan. La estrategia de las sillas te ayudará a entender y te dará las herramientas para cambiar la dinámica entre las dos, lo que les permitirá resolver mejor los conflictos que se presenten y salir airosas con un lazo afectivo incluso más fuerte.

Sin importar si tu hija es apenas una bebé o va a cumplir cincuenta años mañana, si hablan varias veces al día o sólo de vez en cuando, eres tú, la madre, la que debe crear un ambiente propicio para la apertura y la comunicación franca. En este momento, no importa si pelean con los puños cerrados y se recriminan con dureza. Lo único que importa es que empieces a trabajar para que la dinámica con tu hija sea más sana y amorosa. La decisión está en tus manos.

Espero que te des cuenta del poder y la importancia que tienes en la relación con tu hija. Mi filosofía elemental parte de este hecho incontrovertible: la crianza comienza contigo. No con tu hija, sino contigo.

Para explicar este concepto, acostumbro utilizar la analogía de las mascarillas de oxígeno en un avión. ¿Cuántas veces has oído a un asistente de vuelo recordar a los pasajeros que en caso de emergencia lo primero que tienen que hacer es colocarse la mascarilla de oxígeno ellos mismos y después ayudar a sus hijos? En ese contexto, parece perfectamente lógico, ¿cierto? Cuando uno se encuentra a casi 10,000 metros de altura y se produce algún tipo de falla mecánica en el motor del avión, lo primero que debe hacer es ponerse la mascarilla para seguir respirando y sólo entonces podrá ayudar a su hija a ponerse la suya. Lo mismo sucede con las madres y las hijas en tierra. Sólo cuando seas una mujer equilibrada y segura podrás actuar como modelo de fortaleza y seguridad para tu hija. Además, cuando adoptes esta filosofía, obtendrás resultados todavía más exitosos con la estrategia de las sillas.

Como director médico del Departamento de Servicios Infantiles y Familiares del condado de Los Angeles, la organización de asistencia infantil más grande de Estados Unidos, he tratado a la población más vulnerable de este país. En el ejercicio privado de mi profesión como psiquiatra de niños, adolescentes y adultos, he tratado a los más privilegiados. He visto, oído, diagnosticado y tratado prácticamente de todo: desnutrición infantil, depresión, fobias, ataques de pánico ante el aumento de peso, adicciones y mucho más.

Mi trabajo no se limita a un ambiente tradicional de consultorio. Guío a innumerables familias en el momento, interviniendo en aviones y patios de recreo, en playas y estacionamientos, dondequiera que parezca apropiado. Mi familia dice que soy como un imán que atrae crisis, pero este trabajo me gusta porque se trata de fortalecer a las familias y, en mi opinión, no hay nada más importante que la familia. Mi formación profesional (tengo tres especialidades: psiquiatría de niños y adolescentes, psiquiatría de adultos y terapia familiar) me permite velar por el bienestar físico y emocional de mis pacientes y atender sus problemas emocionales más acuciantes, el tipo de preocupaciones que padres, hijos y familias reconstituidas enfrentan con mayor frecuencia.

Veinte años y miles de pacientes después, puedo afirmar sin temor a equivocarme que de todas las dinámicas entre padres e hijos que he presenciado, ninguna es más fascinante o aterradora para mí que la que existe entre madre e hija. La vertiginosa velocidad con que los intercambios pasan de ser amorosos a tóxicos es incluso más intensa que entre la mayoría de los matrimonios en crisis. El poder colectivo que alimenta la intensidad de los extremos emocionales de madres e hijas no se parece a ningún otro. Y los resultados exitosos que he presenciado una y otra vez, sin importar la posición socioeconómica o la gravedad del problema, se cuentan entre las experiencias más gratas y significativas de mi vida profesional.

Lado a lado tiene la intención de ser una guía práctica para las madres que desean aprender a comunicarse de una manera más eficaz y amorosa para mejorar la relación con sus hijas. Sea cual fuere la edad de tu hija y sin importar si actualmente te encuentras en buenos términos con ella o no, este libro te dará las herramientas que necesitas para cumplir tu deseo. El libro se divide en tres partes:

Parte 1: "El trabajo inicial" se centra en ti, la madre. Es un viaje que invita a la reflexión y se planeó para ayudarte a adquirir fortaleza, equilibrio y claridad en tu vida en general. Te pediré que realices numerosos ejercicios y consideres diversos conceptos para crear un juego de herramientas personales basado en tus necesidades específicas. Tu esfuerzo sincero aquí te preparará para la siguiente parte del libro.

Parte 2: "La estrategia de las sillas" incluye a tu hija en el proceso e introduce la táctica que da nombre a la sección. Los ejercicios propuestos te ayudarán a poner en práctica la estrategia y a divertirte con tu hija.

Parte 3: "Temas delicados" pone en práctica todas las ideas anteriores para examinar las áreas más difíciles y controvertidas de la maternidad: sexo, dinero, valores y divorcio. Se presentan varios casos de madres que han utilizado con éxito la estrategia de las sillas con sus hijas para hacer frente a estos problemas.

En muchos sentidos, este libro imita el proceso que sigo con todas las madres e hijas que acuden a mí en busca de orientación. Por eso, al emprender nuestro viaje juntos y compartir mis ideas y técnicas profesionales, te pido lo mismo que le pediría a cualquiera de ellas. Por favor, acepta tres conceptos:

1. Compromiso con aprender sobre ti misma y tu hija.
2. Sinceridad cuando se te pida que participes.
3. Confianza en que el proceso dará resultados positivos.

Si en algún momento te sientes confundida, frustrada o total y absolutamente enojada por las ideas, sugerencias o ejercicios en el libro, desde ahora te advierto que no eres la primera persona en cuestionar el proceso. La duda y el enojo son comunes y, a veces, respuestas necesarias para seguir adelante. Sin embargo, trata de mantener una mente abierta. La idea de "el que quiere azul celeste que le cueste" aplica aquí. Si llegas a un punto en el que te sientas tentada a abandonar, ¡no lo hagas! En cambio, tómate un momento y recuerda:

Compromiso. Sinceridad. Confianza.

No es ninguna coincidencia que sean los tres elementos cruciales e indispensables para crear y sostener una relación sana y amorosa con tu hija.

Por último, antes de empezar, hay dos detalles específicos que debes conocer sobre mí. Primero, como psiquiatra, mi método se basa (y siempre se basará) en las fortalezas. Cuando inicio un tratamiento con una persona o familia, mi primera tarea es ayudarles a identificar sus fortalezas personales, es decir, las áreas de su vida en las que son fuertes. Cuando nos centramos en lo positivo y lo fuerte, los elementos negativos empiezan a disiparse de inmediato y naturalmente. En la fortaleza hay esperanza. Y tengo la firme convicción de que en la esperanza hay un poder formidable que te guiará en el camino.

Segundo, soy realista. Creo que las circunstancias específicas de tu vida son las que son y constituyen algo con lo que tienes que lidiar cada día. Muchos factores están fuera de tu control. Dicho lo anterior, comparar la realidad de tu vida con algo que viste en el cine la semana pasada o en una repetición de Gilmore Girls es improductivo y carece de sentido. Estas relaciones, trátese de una escenificación en la pantalla grande o chica, se han dramatizado para efectos de entretenimiento. La relación con tu hija, que sin duda es divertida en ocasiones, es real. Y sea cual fuere tu realidad en este momento, tu objetivo de tener una conexión más fuerte, sana y amorosa con tu hija está a tu alcance.

Como realista que soy, no puedo prometer que tú y tu hija siempre irán juntas en esa montaña rusa, tomadas de la mano y gritando de alegría al unísono, pero puedo garantizar que el recorrido será más placentero y que momentos como ésos serán una clara posibilidad.

Gracias por comprometerte a realizar este viaje.

—Dr. Charles Sophy

PARTE UNO

# El trabajo inicial

Tienes un enorme poder en la relación con tu hija. Este poder conlleva la responsabilidad de usarlo de la manera más positiva y sana: la comunicación clara y sincera. Ésta es la clave para lograr la mejor conexión con ella. Y para que tú, madre, enfrentes y superes este reto con la mayor eficacia, es crucial que encuentres antes fortaleza, equilibrio y claridad personal. Esto es lo que llamo "trabajo inicial". Si dedicas tiempo a hacer este trabajo —antes de centrarte en tu hija—, las dos estarán mucho más cerca de alcanzar la meta de tener una relación más sana.

Esta primera sección será tu guía a lo largo del viaje que ahora emprendes. Cuando leas los ejemplos breves de otras madres e hijas, te pediré que examines tu propia vida, reflexiones sobre las decisiones que tomas y consideres la posibilidad de hacer algunos ajustes. El trabajo inicial que realices aquí te ayudará a enfocar tu magnífico poder. Además, cuanto más ofrezcas de ti en este proceso, tanto más ganarán tú y tu hija.

Por lo tanto, pon manos a la obra y abre el corazón y la mente. Comencemos.

# 1 Fortaleza

## Las cuatro verdades

Eres parte de una relación muy complicada. Tienes una hija. Tal vez la relación no sea complicada en este preciso momento, pero créeme, llegará a serlo. Cuando conozco a una madre que insiste en lo contrario, y he conocido varias, me muestro escéptico. Por el simple hecho de que estés leyendo este libro, es probable que tú no seas una de esas madres. Aun así, si te preguntas cómo podría llegar a suceder que tu relación con tu adorable y devota hija se volviera beligerante, te aconsejo que sigas leyendo. En mi vasta experiencia de trabajo con madres e hijas, todas y cada una de estas parejas han tenido problemas en una época o en otra. Tu situación no será diferente; no puede serlo. La razón por la que estoy seguro de esto no tiene absolutamente nada que ver contigo como persona. Más bien, tiene que ver con el hecho de que en cada relación madre-hija hay cuatro verdades inherentes, que están completamente fuera de tu control. A pesar de lo que estés haciendo o no en este momento para lograr una mejor comunicación con tu hija, las cuatro verdades finalmente harán que el éxito sea mucho más difícil de alcanzar.

1. Madres e hijas quieren lo mismo: amor, comprensión y respeto.
2. Madres e hijas hablan el mismo lenguaje.
3. Madres e hijas, en cierto nivel, compiten entre sí.
4. Madres e hijas tienen estrógeno, y en gran cantidad.

Independientemente de que cualquiera de estas verdades cale hondo o no, te aseguro que tarde o temprano te afectarán de manera directa.

Algunas madres no creen en ellas hasta que los estragos que causan son evidentes. Como ahora están latentes, tal vez creas, erróneamente, que tu relación es inmune o que estas verdades no aplican a ustedes. Créeme, cada una de ellas está vivita y coleando y tarde o temprano aparecerá como un fantasma amenazador que tratará de destruir su relación. Es decir, si lo permites.

Te digo estas verdades no para asustarte, sino para darte armas con qué combatirlas. Tener conciencia de ellas es el primer paso para adquirir la fortaleza que necesitas para evitar que saboteen la relación y, en cambio, te ayuden a mejorarla. A primera vista, las verdades 1 y 2 no parecen demasiado amenazadoras y, con frecuencia, son simplemente datos conocidos que hay que tener en cuenta. Más adelante analizaremos cómo incluso estas observaciones, en apariencia inocuas, pueden causar problemas. Pero para comenzar hablemos de lo que cada verdad significa.

## Verdad #1: Madres e hijas quieren lo mismo: amor, comprensión y respeto

Esta verdad es la piedra angular de la relación con tu hija. Aunque no creas nada más, ¡cree en esta verdad! Todo ser humano en este planeta, de manera consciente o no, desea amor, comprensión y respeto. ¿No es eso lo que tú misma quieres? Por supuesto que sí, y también tu hija. Esta verdad es especialmente fácil de aceptar cuando las dos se llevan bien. Pero ¿qué sucede cuando atraviesan por una mala racha o cuando pelean incesantemente?

El reto de esta verdad radica en creer en su presencia durante épocas de conflicto. La idea de que lo que tú y tu hija quieren se contrapone puede arraigarse desde los inicios de la relación, y una vez que es afianzada esta pauta de comunicación, es muy difícil de romper. Por ejemplo: Es la hora de la comida en un centro comercial, y me encuentro formado en la fila en la zona de comida rápida. Una madre que va delante de mí pide un sándwich de pavo y una bolsa de papas fritas para compartir con su hija de tres años. Cuando la niña oye a su madre pedir la comida, empieza a llorar y a quejarse porque ella quiere un sándwich de crema de cacahuate y mermelada. La madre dice que no. La hija continúa protestando y empieza a patalear y a gritar más fuerte. No tarda en hacer un berrinche hecho y derecho. Muchos comensales que se encuentran en la zona de comida rápida reaccionan con incomodidad y molestia. Avergonzada, la madre le tapa la boca a la hija y le espeta: "Ya te lo dije, Jen, ¡no tienen sándwiches de crema de cacahuate y mermelada aquí!".

En ese momento, me doy cuenta que hay un menú en un pizarrón encima del mostrador. El plato número dos es sándwich de crema de cacahuate y mermelada. La madre me mira, exasperada: "¿Puede creer lo que hace esta niña?". Cuando señalo el menú y empiezo a hablar, la madre me manda callar con un ademán leve y un guiño de complicidad. La madre acaba de confirmarme lo que yo ya sospechaba: que sabe perfectamente que ahí venden sándwiches de crema de cacahuate y mermelada, pero decidió no comprarlo. Mientras tanto, Jen continúa llorando mientras la madre paga la comida. Las dos se dirigen a una mesa: la madre irritada seguida de su pequeña hija que sigue gritando.

A primera vista, no hay duda de que la madre y la hija quieren cosas diferentes: una quiere un sándwich de pavo y la otra quiere uno de crema de cacahuate y mermelada. Sin embargo, en el fondo, Jen y su madre, aunque en este momento están en total desacuerdo, quieren exactamente lo mismo: amor, respeto y comprensión. Su mala comunicación crea una desconexión entre ambas. Con el tiempo, estas interacciones se vuelven habituales y se consolidan en un patrón de comunicación destructivo. Examinemos la situación un poco más en detalle:

- Jen quiere comer un sándwich de crema de cacahuate y mermelada. Comunica su deseo por medio de un berrinche, que es un comportamiento perfectamente apropiado para su edad. Si la madre hubiera tomado en cuenta su petición, Jen se habría sentido comprendida y respetada. En la mente de la niña, una necesidad satisfecha como ésta equivale a recibir amor. Este precedente quedó establecido y se cumplió desde que nació. Cada vez que la niña lloraba de hambre o necesitaba que le cambiaran el pañal, la madre respondía con un biberón o un pañal limpio. No hay modo de que Jen pudiera entender el no rotundo de su madre, a menos que viniera acompañado de una explicación.
- La madre quiere que su hija coma un sándwich de pavo y comunica su deseo ordenando la comida, lo que también es apropiado. El error está en la forma en que le comunicó este deseo a su hija. La madre mintió y, no obstante, espera que Jen comprenda y respete su decisión.

¿Cómo va a entender Jen cómo recibir o dar amor, comprensión y respeto si la madre le pone tan mal ejemplo? ¿Te das cuenta de cómo esto funciona en contra de ellas?

El problema en este caso es la falta de comunicación clara y sincera. Las dos tienen todo el derecho del mundo a expresar sus sentimientos. Sin embargo, la verdad es que sólo la pequeña de tres años expresa de manera clara y abierta lo que siente. La respuesta de la madre, aunque sin duda es clara, dista mucho de ser sincera. Imagina cómo estas interacciones empiezan a desgastar la conexión entre madre e hija con el tiempo.

Un estilo de comunicación basado en el engaño sólo sirve para descarrilar la relación que tienes con tu hija. La comunicación franca siempre debe ser el punto de partida con tu hija; de lo contrario, te buscarás verdaderos problemas. Cuando la madre no es directa y honesta respecto a sus verdaderos motivos, sin querer envía mensajes mixtos a su hija. Los mensajes claros y sinceros hacen saber a tu hija no sólo que tu conducta es congruente, sino también los sentimientos que albergas, en especial por ella.

Una de mis pacientes tenía una hija a la que, desde muy pequeña, le encantaba el chocolate. La hija lo comía sin cesar. Cuanto más trataba la madre de hacer que la niña dejara de comer chocolate, tanto más ingeniosa se volvía la hija en su búsqueda de la golosina. A pesar de que la madre había dejado de comprar chocolate hacía mucho tiempo, la hija lo encontraba en las casas de amigos o parientes y los guardaba en un escondite secreto que tenía en su habitación. Sin saber qué más hacer, cuando la hija tenía ocho años la madre le dijo que el chocolate podía llegar a enfermarla tanto que moriría. Por desgracia, la mentira funcionó. Entonces la madre empezó a usar esta táctica para controlar todos los comportamientos indeseables de su hija. Cuando la chica cumplió trece años, la lista de actividades que supuestamente podrían matarla se había extendido de comer chocolate hasta jugar con perros grandes y besar a los muchachos.

Cuando la hija cambió de escuela, hizo algunos nuevos amigos que no tardaron en aclararle todas las ideas que la madre le había estado metiendo en la cabeza todos esos años. En cuanto le abrieron los ojos, la frustración y desilusión que le causó la protección mal orientada de la madre la indujeron a acercarse más a este grupo de adolescentes porque, por primera vez en su vida, sintió que la respetaban. Esta camarilla de amigos era en realidad una pandilla que acabó por llevar a la muchacha por un camino de delincuencia y cosas peores. Aunque este ejemplo de la vida real puede parecer extremo, demuestra que mientras más crece la hija y más notable es el engaño, hay muchas más cosas en juego de lo que podría pensarse.

Con esto en mente, volvamos al relato de Jen y su madre. En este caso, la niña tuvo que enfrentar sola su rabia y frustración. Si siguen comunicándose así, no hay duda de que pasarán dos cosas:

1. La hija aprenderá con el ejemplo a alejar a la gente y que echar mano de artimañas es aceptable.
2. La furia que provoca a la hija el sentirse excluida tiene que ir a alguna parte. Dependiendo de la edad, podría llevarla a rebelarse y manifestarlo de diversas maneras, por ejemplo, experimentando con drogas, sexo, etcétera.

Toda esta interacción me molestó, por lo que decidí inmiscuirme en la situación.

Después de pagar mi comida, vi una mesa desocupada cerca de Jen y su madre. El berrinche de Jen había disminuido y, en ese momento, hacía pucheros y se veía triste. La madre casi había terminado su mitad del sándwich de pavo, pero el de la niña estaba intacto.

Madre: Tienes tres minutos para terminar ese sándwich, jovencita.

Miré a Jen cuando tomó el sándwich y empezó a mordisquearlo. Se dio cuenta de que la observaba y le sonreí.

Dr. Sophy: ¿Cómo está tu comida?
Madre: Bien, gracias. (Dirigiéndose a Jen) Tienes dos minutos.

La madre me había interceptado. Tristemente, Jen siguió mordisqueando el sándwich. Traté de establecer contacto con Jen de nuevo.

Dr. Sophy: ¿No tienes mucha hambre?
Jen: Quiero un sándwich de crema de cacahuate y mermelada.
Madre: Es lo que siempre quiere. Esta semana ha comido eso cinco veces.
Dr. Sophy: Disculpe la curiosidad, pero ¿por qué le molesta eso?
Madre: ¿Por qué cree? ¿No le molestaría a usted si fuera su hija?

Dr. Sophy: ¿Por qué le molesta?

Madre: Porque quiero que coma algo más saludable. Nunca come pavo, tiene que comerlo.

Dr. Sophy: ¿Y por qué no se lo explica?

Madre: Porque tiene tres años.

Dr. Sophy: Sí, y por lo visto, entiende mucho.

En ese momento, Jen interrumpió y me dio la razón.

Jen: ¡Crema de cacahuate seis veces!

Sugerí a la madre que permitiera a la hija crecer con la verdad y le expliqué cómo transmitir esa idea con franqueza y respeto a su hija la próxima vez. Podría decir algo así: "Jen, sé lo mucho que te gustan los sándwiches de crema de cacahuate y mermelada. A mí también me gustan. Pero como has comido eso muchas veces esta semana, ¿qué te parece si probamos algo nuevo? El pavo es saludable, y yo te amo y quiero que estés sana". Le expliqué a la madre que aunque Jen siguiera protestando, ella habría cumplido con su deber de comunicarse de manera clara y amorosa con su hija.

### Da respeto y recibirás respeto
### Da sinceridad y recibirás sinceridad

Es natural que tú, como madre, tomes decisiones que no son del agrado de tu hija. Es parte de tu deber, y no hay ningún inconveniente en ello. Lo que no es aceptable es que justifiques o expliques estas decisiones con mentiras o engaños. Aunque pienses que ella no se dará cuenta, y es muy posible que eso suceda en el corto plazo, en algún momento tu hija descubrirá el engaño. Una vez puesta en evidencia, tu credibilidad quedará destruida. Y lo que es peor, tu hija estará enojada. Este enojo tiene que canalizarse por algún lado. Dependiendo de la edad, la furia puede manifestarse en una pataleta o en rebelión peligrosa. Además, tu hija habrá aprendido de tu ejemplo y les hará lo mismo a otros.

No le mientas a tu hija. Sé respetuosa. Sé sincera.

Cuando interiorices esta verdad de que tú y tu hija quieren lo mismo, percibirás las situaciones con ella de manera diferente. Aunque tal vez se requiera que hagas algunos ajustes en el trato que le das, con el paso del tiempo este tipo de interacciones profundizarán la confianza entre ustedes.

En resumen, trata a tu hija como te gustaría que te trataran. Sé consciente del hecho de que, al igual que tú, ella quiere amor, comprensión y respeto. Ofréceselos tanto y tan congruentemente como sea posible, y recibirás lo mismo de ella.

## Verdad #2: Madres e hijas hablan el mismo lenguaje

El lenguaje común, tanto verbal como no verbal, que tú y tu hija hablan, indudablemente puede acercarlas cuando dicho lenguaje es respetuoso y afectivo. Desde los primeros días de la vida de tu hija, tus caricias, abrazos y contacto visual comunicaron muchísimas cosas a tu recién nacida y ella te correspondió. Tiempo después, cuando ella empezó a comprender el lenguaje, empezaron a desarrollar una forma amorosa de comunicación verbal, desde usar términos cariñosos especiales hasta inventar rimas juguetonas con su nombre.

Este lenguaje constituye también una red de seguridad que da confianza y protección. En todo el mundo, las madres se comunican con una especie de taquigrafía increíble y precisa (una mirada, un ademán, una palabra, una inclinación de cabeza) que indica lo que está permitido, lo que es necesario, o lo que debe evitarse.

Además, la idea de que una madre siempre sabe, es algo en lo que creo firmemente. La intuición de una madre le permite mirar a su hija y saber en un instante lo que sucede: si le está dando un resfriado, si el novio se está descarriando o si un acontecimiento no salió según lo planeado. La potente conexión creada por este lenguaje común es un don maravilloso del que disfrutan madres e hijas.

En mi generación, el dicho "a palabras necias, oídos sordos" era un consejo habitual que muchos padres ofrecían a sus hijos. Sin duda, fue una idea que mis padres me inculcaron. Durante mucho tiempo, la pegajosa frase me hizo sentir como si llevara un escudo cuando me lanzaban palabras o comentarios poco amables. Sin embargo, siempre me pareció que la idea era una mentira del tamaño del mundo. Resulta que así es, en efecto. Las palabras pueden ser devastadoras y causar mucho daño. Como sabemos, el lenguaje tiene el poder tanto de lastimar como de sanar. Y en la relación entre madre e hija, a veces el lenguaje es mortífero.

La misma taquigrafía que mencioné antes puede volverse en contra de la madre. Me deja pasmado ver cómo un comentario o una acción, insignificante en apariencia, puede desatar una discusión terrible entre madre e hija. A veces basta con que la hija ponga los ojos en blanco, o que la madre diga "te lo dije". Este tipo de interacciones suceden todo el tiempo. Es fácil observar este comportamiento cuando madre e hija realizan una actividad muy simple, como ir de compras. Por ejemplo, una vez que fui a una tienda departamental vi a una madre que se estaba probando muestras de lápiz labial mientras su hija de doce años la observaba. La madre se probó un tono rosa fuerte y le pidió su opinión a la hija.

Madre: ¿Qué te parece?
Hija: Muy bonito.
Madre: Gracias.
Hija: Si tuvieras como veinte años, digo.

La hija suelta una risita. La madre está visiblemente enojada.

Madre: ¡Pero qué grosera eres!
Hija: Como quieras. Se te ve ridículo.

Me pareció que había una dinámica muy bien establecida entre esa madre y su hija. La madre necesitaba reconocer que, o le había puesto de ejemplo esa conducta a la hija, o que había permitido que fuera una forma aceptable de que la hija se comunicara. Además, me gustaría señalar que cuanto más integres la verdad 1 a tu estilo de criar y educar a tu hija, tanta más libertad tendrás con la verdad 2. Si la madre en el mostrador de maquillaje tuviera más conciencia de que ella y su hija quieren verdaderamente lo mismo (amor, comprensión y respeto) y si hubiera modelado esa conducta, este tipo de sarcasmo no existiría en sus interacciones. Incluso si la hija fuera sarcástica de vez en cuando, sería más fácil para la madre dejarlo pasar que tomárselo tan a pecho.

Aunque la hija dijo que el lápiz labial se le veía ridículo, lo que en realidad le estaba diciendo a su madre era otra cosa. Si la madre hubiera prestado atención, se habría dado cuenta de que su hija estaba cansada y quería marcharse a casa, o que tenía hambre, o estaba harta porque la madre siempre la llevaba de compras a la fuerza, en el momento en que ella preferiría mil veces tocar la flauta, jugar futbol con sus amigas, o ver la televisión. De todos modos, la hija provocó a la madre con un comentario mordaz en vez de decirle exactamente cómo se sentía.

El lenguaje sutil y no tan sutil entre madre e hija que contiene críticas severas, sarcasmo y hasta insultos no se desarrolla de la noche a la mañana. Necesita tiempo, algo que seguramente ustedes juntas han tenido a montones. No hay duda de que cada una de ustedes se vuelve competente en ese lenguaje con el paso del tiempo. Si eres sincera contigo misma, tal vez recuerdes la primera vez que tu hija te comunicó algo, ya sea de manera verbal o no verbal, que en verdad te hirió. Quizá fue una expresión descarada e insolente: "¡Eres una mamá muy mala y te odio!". Puede haber sido incluso un comentario inocente que caló hondo: "Mami, esa señora está gorda igual que tú". Sea lo que fuere, te hizo detenerte a pensar un momento, y no te sentiste bien.

Ahora tratemos de meternos en la mente de tu hija. ¿Alguna vez la has provocado? Quizá te paraste junto a ella mientras se cepillaba los dientes y dijiste: "De un lado a otro y de arriba abajo", o cuestionaste la combinación de falda y blusa que eligió. Es muy posible (de hecho, me atrevería a apostar a que así fue) que le hayas dicho algo que en verdad la molestó.

Lo que sucede aquí es que poco a poco se van creando lo que comúnmente se denominan "fibras sensibles": los aspectos o áreas delicadas que cuando se tocan irritan mucho a la otra persona. Con el tiempo, las dos desarrollan una amplia variedad de fibras sensibles. Y ambas se vuelven provocadoras muy duchas en llamar la atención. Cuanto más toque una madre las fibras sensibles de su hija, tanto más la hija tocará las de la madre a la larga. Después de un tiempo, cada una aprende qué fibras cumplen su cometido. Toda pareja de madre e hija tiene un surtido único de estas fibras. En el ejemplo anterior, cuando la hija le dijo a la madre que el color de lápiz labial que había elegido se le veía ridículo, quizá estaba tocando la fibra sensible de la madre denominada "Sentirme insegura con mi apariencia".

La mejor manera de abordar esta verdad sobre el lenguaje es cobrar conciencia de lo que uno dice. Si le hablas a tu hija con sarcasmo o le faltas al respeto, tarde o temprano se te regresará. Si le hablas con amor y respeto, eso es lo que recibirás. Volviendo al incidente del mostrador de

> ### Tocar fibras sensibles
>
> Cuando el lenguaje de tu hija te lastime, avergüence o te duela, es porque ella ha tocado una fibra sensible. En lugar de reaccionar con emoción extrema, dedica un momento a reflexionar y a darte cuenta de que se trata de una señal.
>
> Es una indicación de que ya es hora de que le enseñes a tu hija una forma mejor de expresar sus sentimientos para que, en el futuro, no hiera los de los demás. En el instante en que reacciones con emoción negativa o extrema, levantarás una barrera entre tú y tu hija y la alejarás. Por supuesto, es natural que te sientas herida. Sin embargo, lo más importante es que le enseñes a tu hija que existen formas mejores de comunicarse. Te acaba de dar una oportunidad de hacerlo.

maquillaje, habría sido mejor si, para responder al comentario de la hija, la madre le hubiera dicho exactamente cómo se sentía y le hubiera pedido su apoyo, aunque tuviera que mostrarse vulnerable. Por ejemplo:

Madre: No era ésa la respuesta que esperaba.

Hija: Pues no me gusta y me pediste mi opinión.

Madre: Sí, te pedí tu opinión porque la valoro y, desde luego, no tiene que gustarte el color, pero quizá haya una manera mejor de hacerme saber que el color no me va bien.

Hija: ¿Ah, sí? ¿Como cuál?

Así, la madre expresa francamente que se siente herida (es decir, que la hija tocó una fibra sensible) y responde con la verdad. Con ello, cumple varios objetivos:

- Establece un marco sano y sincero para interactuar con su hija.
- Reorienta el rumbo de la comunicación.
- Enseña a la hija que la comunicación franca es importante, pero que también debe ser respetuosa.

## Verdad #3: Madres e hijas, en cierto nivel, compiten entre sí

Es muy difícil entender esta verdad y, mucho más, aceptarla. Suena terrible y a algunas madres les parece francamente insultante. ¿Cómo podrías estar en competencia con tu hija de alguna manera? Se trata de la chica a quien amas incondicionalmente y por quien serías capaz de hacer casi cualquier cosa. Claro, es fácil imaginar una competencia amistosa, quizá incluso una lucha sin tregua en un juego de mesa, pero no estoy hablando de eso. Me refiero a la competencia sutil y no tan sutil que no necesariamente se reconoce abiertamente, sino que se agita por debajo de la superficie, apenas lo suficiente para causar problemas.

En este momento, espero que estés de acuerdo en que tú y tu hija quieren lo mismo: amor, comprensión y respeto, y en que, indudablemente, las dos tienen una manera especial de comunicarse. Es precisamente por esa conexión que está preparado el terreno para que exista el potencial de competencia, porque en algún momento, como es natural, las dos querrán otras cosas semejantes, como la atención de una misma persona. ¿Te das cuenta de que es la situación ideal?

La primera manifestación de esta verdad puede tener lugar cuando la hija es muy pequeña. La idea de la nena de papá (cuando la madre siente que la hija compite con ella por el afecto del esposo) es el ejemplo clásico. Para la madre segura de sí misma, el hecho de que la hija se convierta en la niña de los ojos del padre es un alivio. Por fin podrá gozar de un merecido descanso y un poco de espacio. Además, lo ideal es que el padre sea una fuerza potente y amorosa en la vida de la hija… a menos que creas que tu hija te ha desplazado y que ahora es el objeto principal del amor de él.

Conforme va creciendo tu hija, los problemas entre las dos se vuelven más complicados, y todo se relaciona en parte con cómo te crió tu madre. Hablaremos de esta importante relación más adelante, pero por el momento examinemos cómo esta historia puede desencadenar competencia entre tú y tu hija. Por ejemplo, si tu madre fue una persona que nunca tiraba nada a la basura y la casa de tu niñez se parecía a un almacén de periódicos y revistas, es muy probable que ahora te esfuerces demasiado por mantener tu casa impecable. Los periódicos, revistas y cosas por el estilo se reciclan todos los días. Los platos se ponen en el lavavajillas. No hay ropa sucia a la vista. Ya me entiendes. Como resultado, tu hija ha crecido con una larga lista de reglas y normas que le parecen opresivas. Cuando se independice, adivina qué tipo de ama de casa será: una coleccionista de objetos inútiles, como tu madre. No es que a tu hija le guste necesariamente hacerte enojar con sus montones de papeles, sino que, en cierto nivel, te está diciendo: "¡Conozco una manera mejor!". Es el mismo mensaje que tú le enviaste a tu mamá, de manera consciente o inconsciente.

Existen otras formas de competencia. Las madres siempre alientan a sus hijos a probar nuevas experiencias, entre ellas, algunas de las pasiones que han sido el eje de sus vidas, como viajar, salir a buscar gangas en las tiendas o cocinar. Sin embargo, cuando la hija empieza a establecer su independencia e identidad, tal vez invada sin querer el territorio de su madre, lo que definitivamente se convierte en una competencia involuntaria.

Supongamos que la madre ha pasado toda su vida perfeccionando su receta de pastel de queso con chocolate. Es el favorito de la familia, su pase a la fama. Desde que era muy pequeña, la hija ha visto a la madre hacer esto, y ha roto docenas de huevos y lamido cientos de cucharas por la causa. Aprendió todo lo que sabe de repostería de su madre y ahora que tiene dieciocho años ha creado su postre emblemático: el pastel de galletas Oreo, el nuevo favorito de la familia. Algo tan sencillo como esto puede hacer sentir a la madre que su posición ha disminuido, que su categoría ha bajado de chef de repostería a ayudante de cocina, en particular si una de las necesidades insatisfechas de la madre tiene que ver con sus hazañas culinarias o sus logros como ama de casa. Desde el punto de vista de la hija, como la madre le enseñó todo lo que sabe, lo más probable es que espere una radiante sonrisa de mamá por el triunfo que obtuvo con el pastel. ¿Entiendes cómo esto las lleva a una competencia inconsciente?

Es muy natural que una madre quiera que su hija sobresalga, ya sea en el aspecto académico o social. Es parte de su responsabilidad apoyar a la hija para que alcance sus metas. El problema comienza cuando la hija, de nuevo con el empeño de sobresalir por sí misma, abandona el camino por el que su madre la ha llevado. En ese momento, la madre puede decidir aceptar el camino elegido por la hija o rechazarlo por envidia y rabia. Ahí es cuando se acaban las contemplaciones y puede darse una batalla campal de mujer a mujer.

Por ejemplo, una madre y su hija de diecisiete años levantan pesas en el gimnasio. El tema de la conversación gira en torno de Josh, el nuevo novio de la chica. La madre no sólo lo aprueba, sino que comenta que Josh le recuerda a un muchacho con el que salía cuando estaba en la universidad. La madre le dice a la hija: "Josh es casi idéntico a Michael. Tiene el mismo cabello, la misma complexión, el mismo trasero". Las dos sueltan una risita. Tal vez ahora les cause risa, pero ¿qué pasará cuando mamá dé la impresión de estar coqueteando con Josh? ¿O si en realidad coquetea con él? ¿O, en un caso extremo, si llega a seducir a Josh? Ya no será tan gracioso.

La mejor manera de encarar esta verdad es conocer con claridad quién eres. Cuanto más te conozcas y sepas lo que quieres, mejor equipada estarás para cuando se presente la competencia. Esto forma parte del trabajo inicial que realizaremos más adelante en esta sección del libro.

## Verdad #4: Madres e hijas tienen estrógeno, y en gran cantidad

Habrás oído los chistes sobre "esos días del mes" cuando una mujer empieza a llorar por un comercial de televisión, quiere estrangular al marido, se come las uñas o manda al diablo a un mesero porque tardó mucho en llevarle las papas fritas y la malteada de chocolate que pidió. El verdadero culpable en estos casos es una hormona, en concreto, la hormona llamada estrógeno, una de las principales causas de los cambios bruscos de ánimo, angustia y dolor físico en todas las mujeres. Y tú y tu hija la tienen, y en abundancia.

El estrógeno, que también se conoce como la hormona sexual, se produce sobre todo en los ovarios y es fundamental para el desarrollo de los órganos sexuales y reproductivos, así como para la regulación del ciclo menstrual. Sin embargo, su efecto en el organismo es mucho mayor: también afecta el tracto urinario, huesos, senos, piel, corazón, vasos sanguíneos y cabello. El estrógeno protege contra enfermedades cardiovasculares porque reduce los niveles de colesterol; se cree que reduce la incidencia de derrames cerebrales o apoplejía y quizá proteja contra la arteriosclerosis e incluso la enfermedad de Alzheimer. Parece muy bueno este estrógeno, y lo es, casi siempre.

No obstante, la razón por la que el estrógeno aparece en la lista de las cuatro verdades es porque sus efectos más importantes son en el cuerpo y el cerebro de la mujer. Las fluctuaciones de los niveles de estrógeno causan dolor físico, como los cólicos menstruales y los causados por la ovulación, y cefaleas. También pueden causar cambios bruscos del estado de ánimo, en particular, mayor ansiedad, irritabilidad y tristeza. Esto afecta fácilmente cómo se siente la mujer y, por consiguiente, cómo interactúa con los demás. Tanto tú como tu hija pasan por estos cambios en diferentes momentos y en

> ### Herramienta #1: Fortaleza
>
> 1. Madres e hijas quieren lo mismo: amor, comprensión y respeto.
> 2. Madres e hijas hablan el mismo lenguaje.
> 3. Madres e hijas, en cierto nivel, compiten entre sí.
> 4. Madres e hijas tienen estrógeno, y en gran cantidad.
>
> Ten en cuenta estas verdades y permite que te empoderen.

diversos grados; no es de extrañar que sea difícil para las dos llevarse bien. El estrógeno es como un viejo conocido al que le encanta armar revuelo, cuyo único propósito en la vida parece ser presentarse sin previo aviso y causar problemas.

Gracias a los adelantos de la tecnología reproductiva, las mujeres pueden tener hijos hasta pasados los cuarenta años y en algunos casos cuando son incluso mayores. Además, siempre está la posibilidad de adoptar. Cuando las mujeres empiezan a tener hijos a una edad mayor, los caminos del estrógeno de madres e hijas se entrecruzan en distintos y a menudo más "letales" momentos. Es muy difícil ser madre cuando la mujer se acerca al extremo más bajo de su producción de estrógeno, es decir, la menopausia, y tiene que lidiar con una hija adolescente o joven adulta que está en la cúspide de la suya, o enseñar a una niña pequeña a ir al baño cuando la madre sufre de terribles bochornos.

Ten en cuenta y respeta el hecho de que, como mujeres, tanto tú como tu hija tienen mucho estrógeno en el organismo y esto puede afectar la manera en que se comunican. Si puedes, trata de reflexionar y entender que este "amigo" común a veces tiene la culpa. Este conocimiento ayudará a hacer más fácil la situación para las dos.

Ahora que conoces las cuatro verdades que existen naturalmente en la relación entre tú y tu hija, comprenderás mejor los retos inherentes que ambas enfrentan. Muchas de las interacciones confusas y frustrantes con tu hija tendrán más sentido ahora que conoces estas verdades. Así lo espero.

Al avanzar en la primera parte de este libro, explorarás varios conceptos que te ayudarán a adquirir fortaleza, equilibrio y claridad en tu vida. Llevarás un diario, contestarás cuestionarios y realizarás otros ejercicios para trabajar con cada concepto y adaptarlo a tus necesidades específicas como mujer y madre. En última instancia, cada una de estas herramientas personalizadas te ayudará a mejorar tu relación con tu hija. El trabajo inicial es precisamente para reconocer, comprender y personalizar estas herramientas.

Las cuatro verdades constituyen tu primera herramienta. Reflexiona sobre estas verdades y guárdalas en tu caja de herramientas para siempre.

El siguiente es un ejercicio que te hará retroceder en el tiempo hasta el momento en que viste por primera vez a tu hija. Entrar en contacto con este momento marcará el principio del trabajo inicial que emprenderemos juntos y continuará en los siguientes dos capítulos. Si es posible, empieza con un bloc o cuaderno nuevo y tenlo a la mano durante todo el proceso. Al final de este libro, tendrás un diario personal que podrás consultar.

Por ahora, quiero que te concentres en el momento en que estas cuatro verdades pasaron a formar parte de tu vida: el momento en que te convertiste en madre. Ésta fue tu primera conexión verdadera. Independientemente de que hayas dado a luz a tu hija, la hayas adoptado o una madre de alquiler la haya traído al mundo, el momento en que viste a tu hija por primera vez fue, sin duda, impresionante y definitivo en tu vida. Y aceptaste esta responsabilidad para siempre. No importa si tu hija es todavía bebé, niña pequeña, adolescente o adulta, quiero que para empezar este viaje recuerdes esa primera conexión con ella.

## EJERCICIO: PRIMERA MIRADA

El objetivo de este ejercicio es reconectarte con uno de los momentos más impactantes de tu vida: la primera vez que viste a tu hija y pudiste tocarla.

El ejercicio comienza con un periodo de diez minutos de relajación o meditación seguido de un registro guiado de la experiencia en tu diario. Lee detalladamente estas instrucciones antes de empezar.

### Preparación

1. **Momento de quietud:** Comprométete a dedicar diez minutos al día, sin interrupción, a estar tranquila. Puede ser a cualquier hora (mañana, tarde o noche), como tú prefieras. Trata de elegir un momento en el que haya menos probabilidades de que te interrumpan. Este periodo es *tu* momento de quietud.

2. **El lugar:** Elige un lugar tranquilo, en interiores o en exteriores, donde puedas sentarte o reclinarte. Aunque no es realista pensar que te encontrarás en la cima de una montaña o cerca de una cascada fascinante (si así es, ¡qué suerte tienes!), el lugar que escojas debe ofrecer una sensación de paz y tranquilidad. Quizá sea un lugar que te traiga buenos recuerdos de ti y tu hija. Elige cualquier sitio que te ayude a relajarte.
3. **Ponte cómoda:** Una silla, un sofá, el piso, el césped. Suaviza tus alrededores con almohadas, mantas o cualquier otra cosa que te haga sentir más cómoda. Usa ropa suelta o que no te quede ceñida para que te sientas todavía mejor.
4. **Música:** Si decides poner música durante este ejercicio, procura que el volumen sea bajo para que no te distraiga.

## Meditación

Una vez que estés preparada y completamente cómoda, asimila tus alrededores. Luego de un momento, pon tu despertador o la alarma del teléfono para que suene dentro de diez minutos. Cierra los ojos y continúa con lo siguiente:

1. **Respira despacio y profundo:** Mientras te sientas en silencio, comienza a tomar respiraciones lentas y profundas.
2. **Concéntrate en tu respiración:** Para ello, imagina cómo va entrando el aire en todo tu cuerpo. Inhala y exhala; respira profundamente. Trata que cada exhalación sea más larga que la inhalación. Continúa centrándote en la exhalación. Siente cómo sale el aire del cuerpo.

Trata de no apresurar nada durante este lapso. Relájate y reflexiona sobre el viaje que terminó con la primera vez que viste a tu hija. Evoca algunos de los días que siguieron y piensa en los detalles específicos del camino. Permítete recordar estos acontecimientos tal como fueron, la alegría y el dolor:

1. **El día que decidiste emprender el viaje:** Sea que hayas concebido de manera natural, por inseminación artificial, por fertilización in vitro, o hayas optado por la adopción o una madre de alquiler, piensa en

el instante de tu vida en que decidiste emprender el viaje hacia la manifestación de tu hija. ¿Qué sucedía en tu vida en ese momento? Piensa en las verdaderas razones por las que quisiste tener un hijo. ¿Qué expectativas tenías entonces? ¿Con quién concebiste a tu hija? Piensa en esa persona, cómo se conocieron, su primera caricia.

2. **Embarazo:** Piensa en este proceso en su conjunto. Recuerda su sencillez o sus complicaciones. Si la concepción fue natural (y sabes qué día ocurrió), piensa en esa experiencia. Si el proceso fue complicado, ¿por qué motivo fue así? ¿Cómo te hicieron sentir esas complicaciones: frustrada, temerosa, resignada, triste? ¿Cuáles fueron algunos de tus principales trastornos emocionales y físicos en ese tiempo? ¿Alguna vez perdiste a un bebé? ¿Transcurrió una larga serie de meses en los que no pudiste concebir? ¿Tuviste un intento fallido de inseminación artificial? ¿Hubo otras desilusiones? ¿Estuviste sola durante tu embarazo? ¿Qué te ayudó a superar estos acontecimientos y a seguir adelante?

3. **El día que te enteraste de que estabas embarazada:** Si estuviste embarazada, ¿cómo te enteraste? ¿Cómo te sentiste cuando te dieron la noticia: feliz, asustada, molesta? ¿Tenías síntomas físicos, y de ser así, cuáles fueron? ¿Quién fue la primera persona a la que le diste la noticia y qué palabras empleaste? ¿Cómo reaccionó esa persona ante la noticia?

4. **Recuerda el proceso:** Si estuviste embarazada, piensa en los altibajos que experimentaste, como el primer ultrasonido, otros análisis, la náusea matutina. Si pasaste por el proceso de adopción, dentro de tu país o en otro, piensa en lo que tuviste que hacer para concluir el proceso. ¿Cómo te sentías en esa época, tanto en lo emocional como en lo físico?

5. **La expectativa del último minuto:** Piensa en los últimos días, el trecho final, antes de conocer a tu hija. ¿Te sentías feliz, asustada, ansiosa, llena de arrepentimiento? ¿Estabas nerviosa porque temías no ser una buena madre? Si estuviste embarazada, ¿tenías miedo del trabajo de parto y el alumbramiento?

6. **Día del nacimiento:** Si diste a luz, ¿te sentías preparada? ¿Tuviste que salir corriendo al hospital para llegar a tiempo? ¿O fue un proceso lento con pocas falsas alarmas? ¿Cómo fueron las contracciones? ¿Cómo fue el parto? ¿Salió según lo planeado, o hubo un cambio de planes, por ejemplo, una cesárea o una emergencia de algún tipo?

7. **Primera mirada:** Recuerda todo lo que puedas de la primera vez que viste a tu hija. Cada detalle de su rostro, nariz, ojos, mejillas, boca. Su cabello, su olor. El sonido de su llanto. Cómo se sentía. Cómo te sentiste cuando la besaste, cómo se veía ella entonces.

Medita en estos detalles conmovedores que son afirmaciones de vida.

## Registro guiado

Escribe los sentimientos y pensamientos que tuviste durante la meditación. Puedes escribir palabras simples y adjetivos por cada momento, o hacer descripciones más detalladas. Esto te servirá como referencia mientras vas leyendo este libro, y será algo que tendrás para siempre como recuerdo.

## 2 Equilibrio

### La clave de tu vida

En el ejercicio anterior, ¿pudiste retroceder en el tiempo y revivir el nacimiento de tu hija? ¿Pudiste recordar los detalles especiales de ese glorioso acontecimiento? Aunque mi esperanza es que estos recuerdos evoquen el júbilo inicial que sentiste por tu hija, estas rememoraciones también sirven como un duro recordatorio de cómo ha cambiado la vida desde entonces, cuánto se han separado tu hija y tú, y lo exasperante que ella puede ser.

Está bien. Antes de seguir adelante, quisiera que ventilaras las quejas que tienes de tu hija. No, no se trata de una trampa. Puede que te sorprenda que un psiquiatra te pida que lo hagas, pero seamos realistas. Es muy probable que no hayas comprado este libro porque tu relación con tu hija es maravillosa. No digo que no haya aspectos de su relación que sean buenos. Pero sinceramente, si estuvieras sentada en mi consultorio ahora mismo, me estarías diciendo lo que piensas en realidad, y de seguro comenzarías por quejarte de tu hija. No te preocupes; para eso estamos aquí. Estás a salvo.

Las diez quejas principales de las madres son:

1. Mi hija no me hace caso.
2. A veces, no me cae nada bien.
3. Mi hija necesita que la mediquen.
4. Necesita verlo a diario, doctor Sophy.
5. La ropa de mi hija nunca luce bien.
6. Escoge muy malas amistades.
7. Se rehúsa a comer con nosotros.

8. Odia a toda la familia.
9. Sólo escucha a sus amigos.
10. Le tengo miedo a mi hija.

Dependiendo de la edad de la hija, las quejas varían. Si es bebé, quizá sea su llanto constante o sus patrones de sueño erráticos lo que se está volviendo insoportable. Si es una niña pequeña, puede ser su carácter voluntarioso o sus berrinches terribles. Si se encuentra en la pubertad, tal vez se trate de su actitud o lenguaje irascible. Si ya es adolescente, puede ser que se codee con malas amistades o presente síntomas de consumo de drogas. Si es adulta, tal vez pienses que es demasiado indulgente (o muy estricta) con sus hijos. O como la madre que conocí en la escuela de mi hija, puede que creas simple y llanamente que tu hija está loca.

Mientras esperaba en el carril del transporte colectivo, oí la bocina de un automóvil. Volteé a ver el auto que iba junto a mí; la conductora me hizo una seña para que bajara el cristal de mi ventanilla. Aunque no la conocía, supuse que se trataba de una madre cuyo hijo asistía a la escuela. Bajé el cristal.

Madre: Oiga, doctor Sophy, creo que mi hija se está volviendo loca. De verdad, necesita ayuda.

Hablaba en serio; rio con nerviosismo.

Al oírla mencionar la palabra loca y ver a una niña de cuatro o cinco años en el asiento trasero, respondí con cierto sarcasmo:

Dr. Sophy: No creo que quiera decir "loca"...
Madre: Sí, sí, no tiene sentido nada de lo que dice.

Era importante recalcar que ésa no era la mejor manera de decirlo. Le dije que llamara al consultorio y hablaríamos.

En promedio, recibo alrededor de cinco llamadas a la semana de padres que tienen algún tipo de queja respecto a sus hijos. Por lo general, es una madre que llama —asustada, frustrada o enfurecida— para quejarse de algo que hizo su hija o que amenaza con hacer, como ponerse un tatuaje, perforarse la lengua o volverse vegetariana. Una vez que determino que no se trata de una urgencia médica, mi respuesta es siempre la misma: "Para

### Profecía que conlleva su propio cumplimiento

Ninguna ocasión es buena para llamar loca a tu hija, y punto. Comentarios como éste hieren mucho, en especial cuando vienen de ti. Lastiman la autoestima de tu hija y ponen en duda la confianza que ella ha depositado en ti. La evaluación de una madre significa mucho para su hija y la afecta en gran medida. Si crees que decirle a tu hija "Bien hecho" tiene un efecto positivo en cómo se ve a sí misma (que sí lo tiene), debes saber que lo contrario también es verdad. Dile a tu hija que está loca, gorda o que es una egoísta y adivina qué...

entender el problema con su hija, es fundamental que primero me reúna con usted. Necesito pasar tiempo con usted, la madre". La razón de esta petición es simple y es la base de mi filosofía: la crianza comienza contigo. No con tu hija, sino contigo.

La filosofía fundada en el principio de que la crianza y educación de los hijos comienza contigo, no trata de responsabilizarte o señalarte con dedo flamígero (o a alguien más) por las dificultades de tu hija. Más bien, esta filosofía basada en la fortaleza estimula a la madre a respetarse, amarse y cuidarse primero que nada. Sí, esto significa que tú eres lo primero en la relación con tu hija. ¿Te hace sentir incómoda? ¿Te parece egoísta? En realidad no tiene nada de egoísta. En mi opinión, no ponerte en primer lugar es lo egoísta. ¿Por qué? Porque ponerte primero significa que valoras tu vida y reconoces la importancia de cuidarte. Ésta es la única manera en la que puedes estar sana, emocional y físicamente, y ser un buen modelo de conducta para tu hija. ¡Eso no tiene nada de egoísta!

La madre que conocí en la fila de autos llamó al día siguiente. Como muchas madres que llaman, se resistió a la idea de ir a verme sola e insistió en que era una gran pérdida de tiempo. Entiendo perfectamente por qué una madre se siente así. Ahí está ella, desesperada por recibir ayuda con su hija, y yo le pido que antes se dé tiempo para sostener una conversación conmigo en privado. Es como si una madre se cortara la mano y yo pidiera que pasáramos a tomar un café de camino a urgencias.

Sé que estas madres sangran metafóricamente cuando llaman. En este momento, puede que tú también estés sangrando. Pero es de suma importancia que la sesión inicial sea con la madre; es el primer paso para comprender la dinámica familiar.

Por teléfono, la señora de la fila de autos me explicó que su hija estaba muy tensa por haber comenzado el primer grado y que eso estaba afectando los patrones de sueño y alimentación de la niña, lo que, a su vez, la ponía irritable y de malhumor casi todo el tiempo. Varios días después, la madre fue a verme. Como esperaba, estaba hecha un manojo de nervios. Era ella la que se sentía abrumada porque su "bebé" iba a tener que ir a clases todo el día. Sin embargo, no podía establecer la relación entre sus sentimientos y el comportamiento de su hija.

En sus propias palabras: "Nunca dejo que me vea enojada o tensa. Soy muy buena para eso".

Después, se desahogó en mi consultorio. No hay forma de que una madre tan agobiada, como era más que evidente, pudiera ocultar este tipo de emociones a su hija. Aun así, sencillamente se negaba a admitir que su angustia estaba afectando a la niña.

Propuse que tanto ella como la hija fueran a una segunda sesión. Entraron en el consultorio como si fueran gemelas: mismo tipo de jeans, aretes cortos de diamante y estilo de peinado. Mientras la hija hablaba conmigo (la cual, por cierto, se expresaba muy bien), la madre interrumpía una y otra vez para traducir lo que ella consideraba que la hija había querido decir. Varias veces expliqué amablemente a la madre que no había necesidad de que interviniera, ya que no requería ayuda para entender a su hija.

La sesión terminó y la hija fue al baño. En cuanto salió, la madre me preguntó: "¿No cree que tal vez un poco de Xanax le caiga bien?". Le expliqué a la madre que medicar a alguien, en especial a una niña, es algo que haría únicamente como último recurso. Lo que quería decirle, pero no podía, era: "Si alguien necesita Xanax para aliviar la angustia es usted". Sin embargo, le recordé: "La educación de su hija comienza con usted". En ese momento regresó la hija y se marcharon.

En la siguiente sesión la madre comprendió al fin mi mensaje. Incluso si pensaba que sabía ocultar muy bien su preocupación, la hija interiorizaba las emociones que, sin duda alguna, ella le transmitía. Una vez que la madre logró resolver su propia angustia y sentirse más tranquila respecto a esta nueva etapa de su vida como madre, el comportamiento y el estado de ánimo de la hija mejoraron. Una madre fuerte y adaptable casi siempre cría una hija fuerte, capaz de adaptarse.

He aquí algo para reflexionar: ser una madre fuerte significa no sólo que debes cuidarte para poder ser más eficaz, sino que también significa mantenerte firme en tus convicciones como madre para que tu hija no reciba mensajes contradictorios. No digas no o sí si tu hija te pide unos pantalones caros, otro helado, o llegar a casa a la una de la mañana, a menos que estés muy decidida, sin reservas. El problema surge cuando tu respuesta no es del todo contundente, cuando tu sí o no es en realidad un quizá. Tu incertidumbre o angustia la afecta. Si tu hija te pregunta si su amiga puede quedarse a dormir y tu respuesta es quizá, resultará frustrante para ella. ¿Qué significa quizá exactamente? No es una respuesta clara; tampoco es la respuesta que ella necesita y puede inquietarla. Por otro lado, si dices sí, mantente firme en tu posición y permítelo. No lo digas sólo para apaciguarla. Sé sincera y mantente fuerte.

> **La crianza comienza contigo**
> **No con tu hija, sino contigo**
>
> Si aún no lo haces, acepta esta filosofía de ponerte en primer lugar tú. Date permiso de cuidarte para que puedas actuar desde una posición de equilibrio.

## Para encontrar el equilibrio

Si la crianza comienza contigo, le debes a tu hija ser la mejor madre posible. Creo que el fundamento para ser mejor es el equilibrio. La vida no discrimina cuando te da sorpresas. En algún momento, todos sufrimos reveses de un tipo u otro. Si tu equilibrio no está a punto cuando esto sucede, no tendrás las armas necesarias para hacer frente a estos retos.

Entonces, ¿cómo puedes comenzar a equilibrar tu vida para ser la mejor versión de ti misma? ¿Tienes alguna idea de cómo es la mejor versión de ti? Comencemos por examinar a detalle y con toda franqueza las cinco áreas más importantes de tu vida. Estos aspectos te dirán todo lo que necesitas saber de tu bienestar emocional, intelectual, espiritual y físico. He llamado a estas áreas fundamentales S.W.E.E.P.™, un acrónimo en inglés que significa:

> Sueño (Sleep)
> Trabajo (Work)
> Alimentación (Eating)
> Expresión emocional del ser (Emotional Expression of Self)
> Diversión (Play)

La lista S.W.E.E.P. es una forma sencilla de recordar y ayudarte a evaluar cómo te encuentras. Cuando una paciente llega a mi consultorio para su sesión inicial, lo primero que hago es pedirle que revisemos cada una de estas áreas. A continuación preparo una lista S.W.E.E.P. basada en lo que me dice. Una lista S.W.E.E.P. equilibrada marca la diferencia entre una madre estable tanto en lo físico como en lo emocional y un desastre ambulante. Sin importar quién seas, lo que hagas, dónde vivas o cuánto ganes, si tres o más de estas áreas no están en equilibrio, no podrás estar en tu mejor forma. Incluso si una sola área está seriamente afectada (por ejemplo, si sufres de insomnio), puede influir de manera importante en tu funcionamiento. Si tu vida no está en equilibrio, tu hija lo va a sufrir.

¿Tienes idea de cómo es una madre cuya lista S.W.E.E.P. está en equilibrio? Seguramente no es lo que te imaginas. Algunas de mis pacientes con las peores listas S.W.E.E.P. llegan a mi consultorio dando la impresión de tenerlo todo. Por fuera parecen equilibradas, e incluso puede que así lo piensen, pero una vez que nos sentamos y empezamos a hablar de sus vidas, es sorprendente lo que muchas veces sale a relucir.

Cuando Christi, de treinta y tres años, vino a verme por primera ocasión, vestía un bello traje de lino color crema, iba maquillada y llevaba el cabello bien arreglado, como si fuera a una sesión fotográfica en lugar de ir a ver a un psiquiatra. Con un aire de seguridad y eficiencia, entró en mi consultorio y tomó asiento. Como siempre, comencé por preguntarle cómo estaban las cinco áreas fundamentales de su vida. Me enteré de lo siguiente:

> Sueño: Tenía insomnio y necesitaba tomar varias siestas cortas al día para poder mantenerse activa, incluso cuando estaba esperando a que su hija saliera de la escuela.
>
> Trabajo: Era ama de casa y se sentía muy mal por no tener ingresos propios y ningún lugar a donde ir todos los días.
>
> Alimentación: Había luchado contra la bulimia casi toda su vida.

Expresión emocional del ser: Estaba casada desde hacía siete años y no había tenido relaciones sexuales con su esposo en los últimos cuatro años.

Diversión: Tenía una amiga con la que realizaba muchas actividades sociales; sin embargo, su amiga era adicta a las drogas.

La apariencia de una vida perfecta se fue al traste, ¿no? Los componentes de la lista S.W.E.E.P. son el fundamento de una vida sana. No deja de sorprenderme la enorme cantidad de personas que no tienen contacto alguno con estas cinco áreas fundamentales de su vida o no les dan importancia. Poner en orden tu lista S.W.E.E.P. es un elemento esencial de tu trabajo inicial.

Analicemos a profundidad las cinco áreas fundamentales de la lista S.W.E.E.P.

## Sueño

El cuerpo lo necesita, tanto en términos cuantitativos como cualitativos. Debes pasar por lo menos una tercera parte de tu vida durmiendo, pero apuesto a que no estás ni siquiera cerca de esa meta. Muchos de nosotros estamos tan abrumados, sin tiempo para nada y llenos de trabajo que el sueño parece ser algo que es fácil dejar de lado. Pero ¿cómo esperas tener la mente clara para hacer frente a todos los retos del trabajo, la vida y la maternidad si no duermes? No es posible. Y sufrirás, porque cuanto más exhausta te sientas, mayor riesgo habrá de que estés irritable, tomes malas decisiones o te enfermes. La falta de sueño también afecta a tu hija, ya que significa que no estarás en condiciones óptimas para apoyarla cuando te necesite. Sé sincera, ¿con qué frecuencia tu hija ve a una madre malhumorada (exhausta) que no tiene paciencia para escuchar sus problemas o ayudarla con la tarea?

Cuanto más desordenados sean tus hábitos de sueño, mayor será la probabilidad de que tu hija tampoco duerma bien. Entonces tenemos, como consecuencia, una madre malhumorada intentando llevar a una hija malhumorada a la escuela. O peor aún, una madre poco atenta que permite que su hija tome malas decisiones en su vida.

Reflexiona en esto: Si el sueño no es prioritario para ti, lo más probable es que no puedas prestar atención a los hábitos de sueño de tu hija.

Desde luego, lo que sucede entonces es que ella no aprende la importancia del sueño. Dormir es un asunto serio.

## Trabajo

Si trabajas fuera de casa, es común que tus colegas se vuelvan como una segunda familia para ti, ya que pasas más tiempo en la oficina que en cualquier otra parte. Las más de cuarenta horas dedicadas al trabajo cada semana deberían brindarte satisfacción por lo menos entre 75 y 85 por ciento de las veces.

Para muchos de nosotros, por supuesto, el trabajo es una necesidad económica. Pero considera esto: Si tu trabajo no te llena realmente (en el aspecto profesional, financiero, social o personal), es imposible que te sientas feliz al llegar a casa al final de la jornada. Esta falta de realización personal puede llevarte a desquitar tu frustración con tu familia.

Quizá trabajes para alcanzar metas financieras concretas, como comprar un automóvil nuevo o tomar unas vacaciones en un lugar exótico. ¿Es posible que éstas sean más importantes para tu familia que tener una madre satisfecha y sana? Si ésa es la razón por la que trabajas, ¿qué tipo de mensaje transmites a tu hija acerca del dinero y su importancia? Por el otro lado, tal vez hayas decidido quedarte en casa para dedicarte a ser madre porque creías que era lo mejor, pero no era necesariamente lo que querías. Tu actitud hacia el trabajo afecta a todos los que forman parte de tu vida.

## Alimentación

Si crees que el único problema de comer mal es subir de peso, estás equivocada. Siempre podrás bajar de talla, pero nunca vas a poder sustituir a tu familia. El peligro de los malos hábitos alimenticios es mucho mayor que lo que sólo se refiere a la nutrición o los niveles de colesterol altos. Comer puede ser una espléndida actividad social, como también un momento excelente para convivir con la familia. Al menos debes sentarte a comer con tu familia tres veces por semana. Cada vez que comes apresuradamente en el automóvil mientras corres de una actividad a otra, sacrificas no sólo tu salud, sino también la posibilidad de compartir un momento con tu familia.

Reflexiona en esto: La hora de comer es momento para fortalecer los lazos afectivos. Es la oportunidad ideal para sentarte con tu hija, verla a los ojos, conversar y compartir historias de tu día y el de ella. Cómo, qué, cuándo y dónde comemos pueden marcar la diferencia entre una madre y una hija conectadas física y emocionalmente y una relación confusa. ¡Hazlo mientras puedas!

## Expresión emocional del ser

El examen de la expresión emocional ofrece una verdadera ventana para evaluar el estado psicológico de la madre. La expresión del ser es la esencia del alma. En mi experiencia, cuando la vida emocional de la madre está en riesgo de alguna manera, la relación con su hija también es tensa. Si la madre está enojada con el padre o molesta con la dirección de su carrera profesional y no lo expresa (o lo hace de forma inapropiada), estos sentimientos reprimidos o las emociones que sólo se encaran de forma superficial tienen el potencial de afectar a tu hija. Expresar las emociones y permitir que otros también las expresen es la clave de una sana dinámica entre madre e hija.

Parece sencillo, pero no siempre es así. Piénsalo. ¿Realmente expresas tus sentimientos? ¿Haces demostraciones de afecto públicas a las personas que amas? Y de ser así, ¿cómo lo haces por lo general? ¿Actuando con simpleza, sarcasmo, enojo o alegría? La expresión del ser también incluye si tus necesidades emocionales y sexuales están satisfechas. Una vez más, tu comportamiento transmite un mensaje claro a tu hija. ¿Tienes una relación íntima con tu esposo, novio o compañero de vida? ¿Están conectados emocionalmente? ¿Te sientes insatisfecha, enojada o triste? ¿Expresas estos sentimientos o intentas reprimirlos? El enojo y la tristeza, cuando no se manifiestan al exterior, comúnmente se redirigen contra uno mismo, lo que define la depresión.

Reflexiona en esto: Se ha dicho que sin libertad para expresarnos, nos marchitaríamos y moriríamos. Entonces, imagina una hija que no se siente suficientemente cómoda para reaccionar con verdadera emoción o una madre que tiene problemas para expresar lo que siente.

## Diversión

Si la expresión del ser es la esencia del alma, la diversión es su alimento. Es el vehículo por medio del cual la expresión del ser se manifiesta. La diversión es una forma de desahogarse, aunque no debe confundirse con el

## Para conectar la mente con el corazón

En un viaje en tren de la ciudad de Nueva York a los suburbios, una madre se sienta con su hija de seis años de edad.

*Madre: Iremos a comer después de visitar a la abuela.*
*Hija: ¿No va a venir a comer con nosotros la abuela?*
*Madre: No, está muy enferma.*

La hija asiente con la cabeza, pero no dice nada. Mira el suelo y luego a su madre.

*Hija: Estoy muy triste porque la abuela está enferma. ¿Tú también?*

La madre la mira sin expresión y le da un libro.

*Madre: Toma, ¿por qué no lees en lo que llegamos?*

Este intercambio me impresionó. En cuanto oyó que la abuela estaba muy enferma, la niña inmediatamente sintió y expresó su tristeza al respecto. En su mente, ella *sabía* que la abuela estaba enferma. En su corazón, se *sentía* triste. Conectó las dos cosas —mente y corazón— en un instante. Tal vez te parezca sencillo, pero no lo es. Es evidente que la madre no pudo hacerlo. La respuesta de la madre a la pregunta de la hija fue evasiva y no reveló nada sobre lo que pensaba o sentía respecto a la inminente muerte de su propia madre.

La capacidad de conectar la mente y el corazón es uno de los pasos más significativos en la expresión del ser. Te ayuda a comunicarte de manera más sana y eficaz con los demás, incluida tu hija. Tener esta capacidad significa que estás presente, en el momento, y consciente de lo que sucede a tu alrededor. Es una gran habilidad y un don que querrás transmitir a tu hija.

Conecta tu mente y tu corazón.

sexo o la intimidad. Más bien, la diversión suscita sentimientos de realización y alegría de otra índole. Puede ser un pasatiempo, ejercicio, cita u otro medio que provea esparcimiento, emoción y sudor bien ganado. Tú, madre, como el resto de nosotros, eres una niña por dentro, y esa niña necesita salir y nutrirse. Si reprimes esa parte juguetona de ti, es muy probable que te sientas enojada, deprimida o frustrada. El juego es el premio por todo lo que te esfuerzas y trabajas, y eso incluye tanto el trabajo remunerado como las muchas otras responsabilidades que tienes.

Piensa en la diversión como la nutrición que tu psique necesita para que puedas crecer y desarrollarte como persona. El entretenimiento reafirma tu capacidad de desarrollar la resiliencia y de tomar buenas decisiones, y le da sabor a tu vida.

## La lista S.W.E.E.P. en acción

Ahora que comprendes mejor cada elemento de la lista S.W.E.E.P., llegó el momento de realizar una autoevaluación. A continuación se presenta un ejercicio que te ayudará a reflexionar en estas cinco áreas de tu vida. (Más adelante te pediré que consideres la lista S.W.E.E.P. de tu hija.) Este ejercicio no te tomará mucho tiempo, pero sí requiere apertura y sinceridad. Nadie te va a calificar ni a juzgar, y probablemente nadie verá siquiera lo que escribiste. Pero tengo fe en tu compromiso porque, como yo también soy padre, sé que no hay mayor motivación que trabajar para mejorar la relación con tu hija.

Sin importar la frecuencia con la que te evalúes con base en tu lista S.W.E.E.P., la verdadera importancia radica en cobrar conciencia de estas

| Herramienta #2: Lista de control S.W.E.E.P. |
|---|
| Sueño |
| Trabajo |
| Alimentación |
| Expresión emocional del ser |
| Diversión |

áreas. El equilibrio no ocurre de la noche a la mañana, pero la conciencia en sí misma es un paso importante. Además, cuando empieces a fortalecer los elementos de tu lista S.W.E.E.P. y a poner más atención a las áreas que necesitas apuntalar (tema que analizaremos más adelante), lograrás un mejor equilibrio y este sentido del ser más fuerte y resistente tendrá efectos marcados en tu hija. Le demostrará que estas áreas fundamentales de la vida son prioritarias para ti. Y una vez que tu lista S.W.E.E.P. se fortalezca, el tiempo valioso que pasas con tu hija y la conexión entre ambas mejorará.

## EJERCICIO: Evalúa tu lista S.W.E.E.P.

El objetivo de la lista S.W.E.E.P. es equilibrar tu vida. Examina atentamente estas cinco áreas (sueño, trabajo, alimentación, expresión emocional del ser y diversión) y te darás cuenta de la importancia de cada una y cómo contribuyen a alcanzar el equilibrio. Además, entenderás por qué, en conjunto, una lista S.W.E.E.P. sólida influye mucho en que puedas ser la mejor versión de ti misma.

En tu diario, registra tus respuestas a las siguientes preguntas:

### Sueño

¿Cuántas horas duermes en promedio en una noche?

¿Qué palabra describe mejor cómo te sientes por la mañana cuando despiertas?

¿Caminas o hablas dormida?

¿Golpeas a tu pareja o algún objeto mientras duermes?

¿Gritas en tus sueños?

¿Sueñas al dormir?

¿Recuerdas tus sueños?

¿Sientes que tus sueños forman parte de tu día?

¿Son sueños felices o te asustan?

¿Hay alguna temática recurrente en tus sueños (como sentirte perdida en una multitud)?

¿Esperas con gusto la hora de dormir?

¿Tienes alguna rutina para antes de acostarte? De ser así, ¿en qué consiste? ¿Tu rutina incluye a otros miembros de la familia?

¿Necesitas leer o ver la televisión para conciliar el sueño?

¿Te preparas para dormir a la misma hora todas las noches?
¿Eres la primera o la última persona en tu casa que se va a acostar?
¿Eres la primera o la última en levantarte cada mañana?
¿Duermes siestas?
¿Qué ropa te pones para dormir? ¿Tienes alguna razón en particular para escoger tu vestimenta?
¿Es tu cama cómoda? Si duermes con otra persona, ¿el tamaño de la cama es adecuado para los dos? ¿Es un lugar al que quieres llegar al final del día?
Cuando te encuentras en tu habitación, ¿te sientes cómoda?
¿Te gustan tus sábanas y almohadas?
Cuando duermes, ¿oyes ruidos o hay distracciones que te perturben, como el tránsito, la televisión o ronquidos?
¿La temperatura es agradable en la habitación donde duermes?
¿Se utiliza tu habitación para alguna otra cosa, como trabajar o ver la televisión?

## Trabajo

¿En qué consisten tus labores? ¿Son lo que esperabas cuando te contrataron?
¿Te sientes realizada con tu trabajo? ¿Ves resultados tangibles de tu trabajo? ¿Cómo te hacen sentir esos resultados?
¿Qué metas te has fijado en tu trabajo? ¿Las estás alcanzando?
¿Consideras que tu trabajo es como un trampolín para alcanzar algo más o es el lugar donde realmente quieres estar? Si es un trampolín, ¿hacia dónde te encaminas?
¿Tienes amistades en el trabajo? Si es así, ¿tienen oportunidad de socializar o de salir a comer juntos?
¿Te encuentras recluida en un cubículo todo el día?
¿Tienes ventanas en tu oficina?
¿Hay tensión en el trabajo entre otros y tú?
¿Cómo es tu relación con tu jefe y subordinados?
¿Socializas con tus compañeros de trabajo fuera de la oficina?
¿Tus asuntos familiares se filtran a la hora de trabajar? ¿Te producen tensión?
¿Tu trabajo te recompensa monetariamente? Si es así, ¿estás satisfecha con la cantidad de dinero que recibes?

¿Cómo obtuviste tu trabajo (por ejemplo: por tus estudios, te enteraste por ahí o por recomendación de un pariente o amigo)?

¿Te sientes apreciada y respetada en el trabajo? Si no, ¿por qué?

¿Tienes más de un empleo fuera de casa?

Si eres ama de casa, ¿cuántas horas a la semana le dedicas a esta labor?

## Alimentación

¿Comes de forma regular a lo largo del día? ¿A qué horas?

¿Qué comes?

¿Te gusta comer?

¿Tienes un platillo o tipo favorito de comida? ¿Con qué frecuencia puedes comerlo?

¿Qué te induce a comer (hambre, dolor de cabeza, hora del día)?

¿Omites alguna comida? ¿Estás a dieta constantemente? ¿Pasas periodos largos sin comer?

¿Te pones irritable si no comes?

¿Comes de más? ¿Te das atracones y luego ayunas? ¿Comes o comes más cuando te embarga una emoción (te sientes angustiada, triste, feliz, etcétera)?

¿Consideras que la comida es vital para estar sana? ¿Crees que es un mecanismo de supervivencia?

¿Con quién comes?

¿Cómo te gusta más comer: con la familia, sola, con amigos, en casa, en un restaurante, en la casa de otra persona?

¿Qué papel desempeñas en la alimentación familiar (planeación, compra, preparación, limpieza, coordinación de horarios)?

¿Comes con tu familia por lo menos tres veces a la semana?

¿Tu familia y tú conversan cuando comen? De ser así, ¿son charlas superficiales o conversaciones más profundas? ¿De qué temas hablan?

¿Crees que tienes una conexión real con tu familia a la hora de la comida?

¿Dónde comen por lo general?

¿Está la televisión encendida mientras comen?

¿Hay alguna otra actividad que tenga lugar a tu alrededor mientras comes?

## Expresión emocional del ser

¿Tienes una relación íntima, tanto sexual como emocional?
¿Qué es lo que te satisface de esas relaciones?
¿Qué es lo que no te satisface de esas relaciones?
¿Tienes deseo sexual?
¿Cómo manejas los sentimientos de rabia, tristeza, miedo, felicidad, desilusión y frustración?
¿Eres consciente a nivel intelectual de lo que sientes cuando te embargan estas emociones?
¿Se conectan tu mente y corazón durante este proceso?
¿Cómo expresas estos sentimientos a los demás?
¿Lloras, ríes y sonríes?
¿Puedes controlar tus emociones o pierdes el control?

## Diversión

Describe lo que te parece divertido hacer.
¿Con qué frecuencia te diviertes?
¿Las actividades que consideras divertidas han cambiado con el paso del tiempo?
¿Tu hija es la única persona con la que te diviertes?
¿Elegiste estas actividades o pasatiempos o éstos te eligieron a ti (por ejemplo, trabajo como voluntaria en la escuela)?
¿Compartes estos pasatiempos o actividades con tus amigos, o los realizas por tu cuenta? ¿Tienes alguna preferencia?
¿Haces ejercicio? De ser así, ¿qué ejercicio haces y con qué frecuencia?
¿Hay algún ejercicio que quisieras hacer, pero no tienes tiempo de hacerlo?
¿Ves a tus amigos en algún contexto social?
¿Pasas tiempo a solas cuidando de ti (como ir a que te den un masaje, preparar una comida especial, leer un libro por placer)?

## EJERCICIO: SEGUIMIENTO DE LA LISTA S.W.E.E.P.

Ahora que has reflexionado en las preguntas anteriores y anotado tus respuestas, debes de tener una idea general de las áreas de tu vida que están fuertes y de aquellas que necesitan cuidado. Éste no es un ejercicio de una sola ocasión, sino un proceso continuo. Los seres humanos siempre crecemos y nos adaptamos cuando cambian nuestras circunstancias. Para hacer los ajustes necesarios en tu vida, quizá sea útil que comiences por prestar más atención a las áreas de tu vida que están fuertes (recuerda que mi método se basa en la fortaleza). Digamos, por ejemplo, que comienzas cada día sintiéndote bien descansada. Tal vez es debido a que sin importar lo que suceda en tu vida, siempre te aseguras de acostarte a una hora razonable, la que tú decidas. Y siempre te das tiempo para tender tu cama cada mañana (arreglar las almohadas, tener una vela aromática junto a la cama), para que cuando entres en tu habitación, siempre te reciba una vista (y un aroma) placentera. ¡Con razón siempre ansías llegar a dormir en tu cama por la noche!

¿Cómo puedes utilizar este mismo método para cambiar otra área de tu vida en la que te sientas menos equilibrada? Por ejemplo, entre que trabajas tiempo completo, te haces cargo de los niños y mantienes en orden la casa, tal vez no imagines siquiera cómo podrías preparar una cena sana para que toda la familia se reúna a la mesa. A veces bromeas y dices que tu automóvil es tu segundo comedor. En vista de que encuentras tiempo para mantener tu habitación tan linda y ordenada, tal vez puedas designar algunas veces a la semana para que todos coman juntos en casa, aunque la comida no sea casera. Y, para compensar, tal vez cada domingo por la mañana la familia entera podría reunirse para tomar un almuerzo más sano y nutritivo. Inténtalo y ve cómo resulta. Puede que te inspire a sentarte con tu familia a comer en más ocasiones, o por lo menos con la mayoría de los miembros de tu familia.

Ya que te he dado algunas ideas sobre cómo comenzar a hacer algunos ajustes, enseguida te presento algunas sugerencias adicionales para que continúes yendo en la dirección correcta:

### Sueño

Trata de dormir por lo menos siete u ocho horas todas las noches.

Es útil tener una rutina antes de acostarte que sea agradable o, cuando menos, que no se trate de una serie de labores domésticas que debas realizar antes de dormir. Si tu rutina nocturna incluye actividades como pagar cuentas, ¡cambia tu rutina!

¿Sientes que te mantienes despierta porque no quieres ir a dormir? De ser así, te recomiendo consultar con un doctor para ver si no hay razones médicas que te impidan conciliar el sueño, como la angustia y la ansiedad.

Asegúrate de que el lugar sea acogedor: toma en cuenta la temperatura del cuarto, las sábanas en las que duermes, el aroma que flota en el aire y el nivel de ruido a tu alrededor. Si tu pareja ronca, pídele que investigue la causa y la resuelva.

## Trabajo

Trata de hacer que tu trabajo sea lo más estimulante y atractivo posible.

Tener buenas relaciones con tus colegas vuelve el trabajo más satisfactorio, así que asegúrate de tomar un descanso de vez en cuando para socializar.

Si te sientes insatisfecha en el aspecto profesional y quieres un cambio de carrera, comienza por analizarlo con tu pareja, una amiga, un colega en quien confíes o un asesor profesional y formula un plan para tu futuro. Pero ¡sé paciente! Toma tiempo hacer este tipo de cambios.

## Alimentación

Trata de comer en familia con la mayor frecuencia posible.

Ya sea que compartas los alimentos con tu familia, amigos o sola, *disfruta* de lo que comes. Prepara comida sana y recuerda que una mala alimentación te puede afectar, tanto a nivel físico como emocional.

No se trata sólo de comida. Haz de tu hora de comer una ocasión para reconectarte, compartir historias cotidianas, recuerdos de experiencias pasadas y hacer bromas.

## Expresión emocional del ser

Asegúrate de que tu corazón y tu mente estén conectados.

Exprésate con los demás; hazles saber que los amas.

Trata de desahogarte en formas apropiadas.

No olvides llorar.

No olvides reír.

Date tiempo para la intimidad emocional y física.

### Diversión

Trata de encontrar tiempo para disfrutar de forma periódica.

No hay nada como aprender una nueva habilidad para mantener el interés en la vida. Toma un curso, lee un libro, aprende a tejer o a bordar, trata de dominar un deporte o actividad. Todo será mucho mejor si lo haces en compañía de otros.

De la misma manera, mantente activa e interesada: inscríbete en un club de lectura, únete al coro de tu zona, a un grupo de teatro o a uno de danza folclórica.

De verdad es bueno mimarse de vez en cuando.

Si tu hija es tu única compañera de diversión, amplía tu círculo. Nunca es una buena idea colocar a tu hija en el papel de satisfacer esta necesidad elemental; es una responsabilidad que tienes contigo misma.

Siempre que hablo con mujeres acerca de que se centren en su lista S.W.E.E.P. y realicen algunos cambios en su vida, inevitablemente escucho algunas variantes de lo siguiente:

"Me parece bien, pero no tengo tiempo para eso."

"Mi hija sólo será pequeña una sola vez; quiero pasar el mayor tiempo posible con ella. Siempre podré realizar _____ (insertar el área más débil aquí: dormir, alimentarse mejor y demás) después."

"Me encantaría tener tiempo para salir con mi esposo, pero mi hija se molesta tanto cuando se queda con la niñera que no hay forma de dejarla por la noche."

No te dejes influir por estos pretextos, ni pierdas de vista el doble premio que te espera: una versión de ti más realista y equilibrada y una mejor relación con tu hija. Depende de ti, aunque, como veremos en el siguiente capítulo, lo que tu hija necesita en realidad es ver tu forma imperfecta y única. Cuando empieces a reconocer y aceptar tus peculiaridades, te sorprenderá descubrir que puedes ser un modelo de conducta aún mejor para ella. Y con el tiempo, esto fortalecerá tu relación con ella.

# 3  Claridad

## Tu hija, tu oportunidad

Una de las palabras más frecuentes que utilizan las madres para describir a una hija recién nacida es bendición. Sin importar si esa hija fue concebida una noche de juerga en la playa, después de años de tratamientos de fertilidad, por medio de adopción o nació de un acto de amor a la antigüita, la mayoría se refiere a ella, por lo menos al principio, como un "favor que Dios les concedió y que las ha colmado de felicidad". Una bendición.

En algún momento esos sentimientos comienzan a cambiar, como bien sabes. Quizá te preguntes por qué tu "bendición" te está volviendo loca, o si habrá llegado a este mundo para ponerte a prueba. Por supuesto, esto no es verdad. Sin embargo, al mismo tiempo, las dificultades que tienes con ella son probablemente lo que te llevó a emprender este proceso conmigo. Creo que en estos periodos de frustración o enojo es cuando puedes darte cuenta de que tu hija (aparte de ser una bendición) es una oportunidad. Una verdadera y valiosa oportunidad.

Por definición, oportunidad significa "una situación o condición favorable para alcanzar una meta". Entonces, ¿qué meta podría ayudarte a alcanzar tu hija? La claridad respecto a quién eres como persona, como madre y como mujer. En muchos sentidos, esto ocurre de manera natural cuando educas y crías a tu hija. Sus actos —y reacciones hacia ti— provocan, a su vez, que te veas desde una perspectiva diferente. Los sentimientos que experimentas con los logros y luchas de tu hija te ayudan a entenderte mejor. Si ver la cara de júbilo de tu hija cuando abre sus regalos la mañana de navidad te hace sentir abatida en lugar de feliz, hay algo que debes examinar. Igualmente si eres una madre divorciada y el compromiso de tu hija con el hombre de sus sueños te causa ataques de celos o te hace sentir incómoda o temerosa por ella.

Acepta esta idea: Tu hija es una magnífica oportunidad para entender quién eres y qué representas. Todo forma parte del proceso de aclarar tu comprensión de ti misma para que puedas compartir plenamente con tu hija una versión de ti más consciente, auténtica y satisfecha.

Tu hija te ve como nadie más lo hará. Llegó a este mundo cautivada por cada uno de tus movimientos, ruidos y caricias, creyendo que no había nadie más hermosa o capaz que tú. Eres la estrella del espectáculo que empezó cuando la tomaste en brazos por primera vez. En ese momento te volviste su cuidadora principal y el centro de su atención, y seguirás siéndolo durante un largo tiempo. Sin duda, el padre u otros miembros de la familia también tienen su lugar, pero francamente, ella te percibe como la persona más importante de su vida.

Incluso antes de que pudiera hablar, tu hija asignó significado a cada palabra que decías y cada acción que realizabas. Nunca dejará de hacerlo. Todas las decisiones que tomas transmiten un mensaje que la afectará de modos significativos. La idea de que toda la atención de tu hija se centra en ti puede asustarte. No tengas miedo. Ella no necesita perfección ni nada que se le parezca. Lo que necesita es tu ser auténtico, tu yo real que toma decisiones que dejan entrever tus pasiones. Y sí, ese ser auténtico incluye todas tus manías, peculiaridades y debilidades que te hacen ser quien eres. Tu risa insoportable, tu mala administración de las finanzas, tu sentido del humor cáustico, tu tendencia a interrumpir, e incluso tu incapacidad para coser un botón, son parte de tu encanto.

El ejemplo de conducta que le pongas a tu hija es uno que sólo tú puedes darle, ya que se basa en exclusiva en tu yo único y auténtico. Así que toma parte de la energía que inviertes en satisfacer las necesidades de tu hija y dedícala a ti. Si cuidas de ti y tus necesidades, verás que se satisface la necesidad más importante de ella. Y esa necesidad es que tú seas auténtica. Ella lo merece, y tú también.

Piensa un momento en tu niñez. Podría apostar a que hay escenas en las que interviene tu madre que están grabadas indeleblemente en tu memoria, pero que si le preguntaras a ella sobre esos acontecimientos, ni siquiera los recordaría.

Una paciente de veinte años, Erin, pasaba por un momento difícil con su madre a causa de su novio. Erin lo había llevado a casa para que su madre lo conociera, y creía que la madre había sido descortés y no le había

> ### Acerca de esa oportunidad...
>
> Permíteme subrayar algunos puntos. Para empezar, querer esta oportunidad nunca debe ser la razón para tener un hijo. Da la casualidad que sólo es una ventaja extra que suele pasarse por alto. Segundo, una mujer que nunca ha tenido un hijo puede, por supuesto, llegar a ser una persona íntegra, centrada y la mejor versión de sí misma. Tercero, incluso la más sólida y estable de las mujeres puede perder el equilibrio con la llegada de un hijo. Es parte de la naturaleza humana, y por cierto algo muy irónico, que el catalizador que inicia la desestabilización (la hija) sea también la oportunidad que finalmente ayudará a la mujer a reencontrar el equilibrio.

prestado atención. Madre e hija, que apenas se dirigían la palabra, fueron a mi consultorio para intentar resolver la situación.

> Erin: Fuiste grosera con él, mamá. Así eres.

Luego se volvió hacia mí.

> Erin: Siempre me hacía lo mismo cuando yo era niña.
> Madre: ¿De qué estás hablando? ¿A qué te refieres con "lo mismo"?

Los padres de Erin se divorciaron cuando ella era pequeña, y la hija vivió todo el tiempo con su madre. En nuestra sesión, Erin habló acerca de cómo fue crecer en ese ambiente. Creía que su madre estaba absorta y ensimismada con frecuencia, en especial a la hora de la cena, y esto siempre le había molestado.

> Madre: ¿Que no te prestaba atención? ¡Pero si estuve ahí todas las noches para cenar!
> Hija: No, cocinabas y servías la comida, pero nunca te sentaste a cenar conmigo. Nunca.

Según recordaba la madre, ella había estado presente todas las noches. En cambio, Erin recordaba la presencia física de la madre, sí, pero también su ausencia emocional, porque siempre hablaba por teléfono o veía la televisión durante la cena. Esto le dio a Erin la impresión de que hasta a su propia madre le parecía aburrida.

Así como Erin hizo con su madre, y tú alguna vez lo hiciste con la tuya, tu hija te observa y aprende de cada movimiento tuyo. Si crees que de algún modo puedes taparle los ojos cuando no estás en tu mejor forma, te equivocas por completo. Incluso cuando haces el intento (de taparle los ojos, hablando en términos metafóricos), ella también lo toma en consideración y percibe que si le estás ocultado algo, debe ser muy importante. Esa chica es inteligente. Por lo tanto, necesitas tener en claro, sumamente claro, quién eres. Éste es el momento oportuno para ser clara. Tienes la mejor motivación. Tu público te espera.

Una tarde recibí un mensaje de Jane marcado como urgente. En ese tiempo tenía dos meses de estarla tratando por su adicción a las compras. Su tratamiento iba bien, pero en ocasiones le daban ataques de pánico. El último ataque había sido dos semanas antes y el detonante fue que pasó cerca de su tienda favorita en Santa Monica y vio un letrero en el escaparate que decía 50% de descuento en todas las joyas. Supuse que el mensaje de texto era un grito de ayuda similar; la llamé de inmediato. Contestó el teléfono muy alterada.

Jane: Me siento muy mal, doctor Sophy... Es horrible.

Dr. Sophy: Por favor, Jane, dime qué sucede.

Jane: Se trata de Matty. Me dijo algo espantoso.

Matty era su hija de cinco años. Jane y yo habíamos hablado mucho de ella, aunque Matty y yo no nos conocíamos. Sabía que la pequeña iba al jardín de niños y, según Jane, iba bien en la escuela y poseía una inteligencia aguda.

Dr. Sophy: Dime qué te dijo Matty.

Jane estaba llorando en ese momento, y apenas le entendía lo que decía. Después de un momento, recobró la compostura y me contó lo que había sucedido. Las dos estaban en el baño de Jane, conversando y viéndose al espejo mientras Jane se cepillaba el cabello.

Matty: Eres muy bonita, mamá.

Jane: Gracias, cariño, tú también. Mira qué bonita eres…

Matty: No, tú eres más bonita que yo por fuera, mamá, pero a mí no me importa, porque soy mucho más bonita que tú por dentro.

¡Con razón Jane estaba tan alterada! Por difícil que haya sido para Jane oír el comentario de Matty, idealmente Jane debería de haber reaccionado con calma. (Desafortunadamente, no fue así. En cambio, la reacción de Jane fue reprender a Matty por lo mala y grosera que era, y luego lloró y la mandó a su habitación.) Si no hubiera permitido que sus emociones se impusieran, Jane podría haber abierto un camino para el diálogo; el mensaje a Matty habría sido: "Puedes decirme lo que sea. Tus pensamientos están a salvo conmigo". Y luego Jane podría haber preguntado a Matty: "Dime por qué crees eso". Aunque no siempre es fácil responder con ecuanimidad, hacerlo ahora allanará el camino para conversaciones futuras (y más difíciles) que de seguro habrán de sostener.

La semana siguiente cuando Jane fue a mi consultorio, admitió que el comentario de Matty la había lastimado mucho porque era cierto. Y para ella, fue una llamada de atención. Jane sabía que siempre se preocupaba demasiado por su apariencia física; también reconoció que tenía mal carácter y era grosera con los que la rodeaban. Por eso Matty creía que su mamá no era tan bonita por dentro. Jane se dio cuenta de que era momento de averiguar por qué la belleza física le parecía más importante que lo que tenía dentro, en especial porque siempre le había dicho a Matty que lo opuesto era la verdad. El comentario de Matty le dio a su madre una importante lección, y una oportunidad para examinar sus propias acciones.

Ahora es tu turno, mamá. Tu hija te ha dado la misma oportunidad para que investigues quién eres y lo que representas. Una de las formas de hacer esto es examinar con sinceridad qué necesidades tuyas no están satisfechas. Debes atender estas necesidades para que no persistan e interfieran en la relación con tu hija.

## Las necesidades de la madre

Para ilustrar mi punto, pondré un ejemplo sencillo. Supón que en cierto sentido nunca superaste el hecho de no haber logrado entrar al equipo de porristas en la preparatoria. Lo que sea que pensabas que obtendrías al entrar al equipo (aceptación, prestigio o una oportunidad para demostrar tus habilidades y divertirte) no sucedió. Esa necesidad nunca quedó satisfecha. Entonces, ¿sabes qué? Ahí sigue, en algún lado. Puede que pienses que hace mucho dejaste atrás ese trauma de la preparatoria, pero si nunca procesaste esa pérdida, ese deseo insatisfecho volverá a surgir. En la superficie puede parecer diferente, pero esas ansias de sentirte aceptada o recibir atención no han desaparecido. Y no por coincidencia, aflorarán en el momento en que todo debería estar bajo control, como cuando tu hija planea presentarse como candidata al consejo estudiantil o al equipo de porristas, o cuando participe en algún deporte, como en el siguiente ejemplo:

Kelly, la madre de una niña de ocho años llamada Lola, había sido gimnasta en su niñez. Aunque ganó varias medallas por su talento, Kelly nunca obtuvo el reconocimiento que, según ella, merecía. Cuando Lola tenía dos años, Kelly la inscribió en una clase de gimnasia. Lola disfrutaba de dar volteretas, pero no compartía la pasión de su madre por el deporte. Sin embargo, Kelly continuó presionándola. Cuando Lola tenía seis años ya había logrado cierto éxito en la gimnasia a nivel local, pero la madre quería que compitiera a nivel nacional.

Cuando Kelly fue a verme, su relación estaba en problemas. Lola había empezado a contestarle mal a su madre, e incluso le había dado una bofetada en una ocasión. Kelly estaba furiosa por el comportamiento irrespetuoso de su hija, pero no lograba establecer la conexión. Ella no creía que la agresividad de Lola fuera una reacción al hecho de que presionaba a su hija para que sobresaliera en el deporte. Aunque Kelly admitió que la gimnasia era importante para ella, se rehusó a aceptar la idea de que sus necesidades insatisfechas en esta área fueran la causa de la presión que ejercía en Lola.

Cuando conocí a Lola, me di cuenta de inmediato de que estaba completamente exhausta por las profundas ojeras debajo de los grandes ojos azules. Me contó que extrañaba a sus amigas. El momento decisivo para Kelly ocurrió algunas semanas después. La mañana de una competencia importante, Lola amaneció muy congestionada y con fiebre alta. Kelly insistió en que Lola se vistiera y asistiera al certamen. Lola se sentía muy abatida. Mientras Kelly sacaba el auto de la cochera, alcanzó a ver a su hija por el espejo retrovisor. Lola temblaba y lloraba, pero intentaba ser valiente. Éste fue el momento en que Lola dejó de pagar por las decepciones de Kelly con su propia carrera gimnástica. La madre volvió a guardar el auto y llevó a su hija a la casa.

Como ilustra la historia de Lola, Kelly permitió que sus sentimientos no resueltos se entrometieran en la crianza de Lola. Cuando esto sucede, tu intuición y guía, partes importantes de tu responsabilidad como madre, resultan afectadas. No trabajarás por lo que más conviene a tu hija. Como madre, tu atención debe centrarse en tu hija y lo que es mejor para ella. (Todo esto es subconsciente, por cierto. Nada de esto se hace de manera maliciosa.) Veamos otro ejemplo:

Era el día después del Día de las Madres. Acababa de dar un discurso ante unas cien madres. Algunas se quedaron para hacerme preguntas. Una era una mujer angustiada que quería hablar de su hija de diecinueve años, Michelle, una estudiante de segundo año en la universidad que siempre sacaba puros dieces y estudiaba historia del arte. Aunque nunca había salido de Estados Unidos, el sueño de Michelle era algún día abrir una galería al otro lado del Atlántico y llenarla de piezas magníficas de artistas que había estudiado y admiraba. Precisamente el día anterior, Michelle había anunciado su decisión de dejar la universidad un año para viajar por Europa. Planeaba regresar al siguiente año para terminar sus estudios. La madre se refirió al anuncio de su hija como que "me soltaron una bomba el Día de las Madres". En ese momento, no se hablaban. Yo quería comprender por qué la madre estaba tan desconsolada por la noticia.

Dr. Sophy: ¿Por qué le molesta la decisión de Michelle?

Madre: ¿Me lo pregunta en serio? ¿Qué haría usted si su hija le hiciera eso?

Le pregunté entonces por sus experiencias universitarias. Explicó que nunca había ido a la universidad. Sus padres no podían pagarle una carrera universitaria; nunca fue una opción.

### Herramienta #3: Claridad

- Conoce tus necesidades personales y problemas no resueltos.
- Sé consciente de cómo estas necesidades y problemas influyen en tu comportamiento.
- Trata de que tus necesidades y problemas no intervengan en las interacciones con tu hija.

Madre: ¿Por qué cree que me he pasado toda la vida trabajando y ahorrando hasta el último centavo? ¡No para que la señorita lo arruinara, eso es seguro!

Sus sentimientos eran intensos, no tanto por Michelle como por su falta de opciones cuando tenía la edad de su hija. La desilusión de la madre por no haber tenido nunca la oportunidad de ir a la universidad aún le afectaba. No podría analizar racionalmente el anuncio de su hija hasta que comprendiera y lograra resolver este trauma.

## EJERCICIO: NECESIDADES INSATISFECHAS

Llegó el momento de hacer un balance de tu pasado. Piensa en algunas de las cosas de las que más te arrepientes o que más te han desilusionado, acontecimientos en tu pasado que ya no puedas cambiar. A continuación hay una lista de preguntas que pongo a tu consideración. Cuando reflexiones en cada una de ellas, trata de no hacer ningún *juicio* acerca de los sentimientos que estas preguntas suscitan. En cambio, fíjate en tus reacciones. ¿Qué te dicen? Tómate tu tiempo, ¡es un trabajo difícil! Registra tus pensamientos en tu diario. Cuando termines, tendrás un registro escrito de tus necesidades insatisfechas. Esto te servirá para recordar que estas necesidades no tienen lugar en tus interacciones con tu hija.

Considera lo siguiente:

1. **Tu madre:** ¿Cómo caracterizarías la relación con tu madre? ¿Te gustaría que hubiera sido diferente? ¿Desearías que hubiera sido un tipo diferente de madre? ¿Quisieras haber sido más atenta, comprensiva o tolerante como hija? ¿Cómo era tu relación con tu padre? ¿Qué lecciones aprendiste de sus interacciones?
2. **La niñez:** ¿Recuerdas con cariño tu niñez? ¿Hay recuerdos específicos que se te quedaron grabados (acerca de tus abuelos o del resto de tu familia, la escuela, unas vacaciones familiares o tu mascota favorita)? ¿Hay decisiones que si hubieras tomado de forma diferente habrían marcado una gran diferencia en lo que eres hoy?
3. **La adolescencia:** ¿Eras una persona que experimentaba, conformista o algo intermedio? ¿Cambiarías algo de cómo pasaste esos años?

¿Fuiste una estudiante aplicada o te gustaba holgazanear? ¿Tenías ambiciones que nunca realizaste?
4. **La universidad:** ¿Consideras que éstos fueron los mejores años de tu vida, como dice el dicho? ¿Tus estudios te estimulaban en lo intelectual, o te sentías como si sólo estuvieras pasando el tiempo en tus clases? ¿Elegiste una carrera profesional por pasión o por necesidad? ¿Tenías una vida social activa? ¿Un interés amoroso estable? ¿Experimentaste mucho con sexo, alcohol o drogas? ¿Crees que fuiste a una institución adecuada para ti, o desearías haber elegido una universidad o institución de enseñanza superior más grande, más pequeña o diferente? ¿Sigues en contacto con tus amigos de la universidad?
5. **Adultez temprana:** ¿Seguiste la carrera y otras actividades que habías planeado? ¿Cómo se comparan tus sueños con tu realidad?
6. **Carrera profesional:** Piensa en los trabajos que has tenido y en tu trayectoria profesional. ¿Fueron estos trabajos medios de sostenimiento, o fueron retos intelectuales? ¿Has tenido una serie de empleos, o trabajas en la misma compañía desde hace mucho tiempo? ¿Te esforzaste para pasar a la siguiente etapa de tu carrera, o te quedaste en un trabajo por inercia? ¿Te arrepientes de haber renunciado a un trabajo por haber sido impulsiva? ¿Hay oportunidades de trabajo que desearías haber tenido?
7. **Vida amorosa:** Piensa en tus relaciones amorosas significativas. Cuando reflexiones en cada una, anota lo siguiente:
    ¿Qué desearías haber hecho de manera diferente?
    ¿Cómo hubieras preferido que terminara la relación?
    ¿Qué aprendiste de esa relación?
    ¿Qué fue lo mejor de ella?
8. **Viajes y otras experiencias:** ¿Cuál es ese sueño de viajar que siempre has tenido pero no has realizado? ¿Hay otras experiencias de vida que sientes que te han hecho falta?
9. **Matrimonio:** Antes de casarte, ¿cómo imaginaste que sería tu vida? ¿En qué difiere esa vida de tu realidad actual? ¿Desearías haberte casado con una persona diferente, o quisieras haber sido una pareja diferente? ¿Tal vez más tolerante? ¿Menos crítica? ¿Otra cosa?
10. **Maternidad:** Antes de que tuvieras a tu hija, ¿cómo imaginaste que sería tu vida? ¿En qué difiere esa vida de tu realidad? ¿Desearías haber sido una madre diferente? ¿Menos restrictiva? ¿Menos ansiosa? ¿Más impulsiva? ¿Otra cosa?

> ### Asuntos no resueltos
>
> Vale la pena repetirlo: El problema con las necesidades no satisfechas, aparte de las dificultades que te provocan en lo personal, son los sentimientos confusos que ocasionan y nublan tu juicio como madre. Debes hacer de lado tus sentimientos personales, aquellos que se originan en tus pérdidas o necesidades existentes, porque no tienen lugar en las conversaciones con tu hija. En última instancia, son la causa de casi todos los conflictos más grandes entre ustedes dos. ¿Por qué? Porque algo menos que la claridad acerca de ti misma se traduce en problemas. El instante en que tu hija percibe esta confusión de tu parte se convierte en una oportunidad, consciente e inconsciente, para que ella ataque tus debilidades y te desafíe. No es una confrontación que quieras tener. Es probable que pierdas, y mucho.

11. **Reconocimiento:** ¿Hay áreas de tu vida en las que no has recibido el reconocimiento que creías merecer?
12. **Imagen corporal:** ¿Alguna vez pensaste cuando eras niña que eras muy flaca o muy gorda? ¿Sigues pensándolo (hablando objetivamente)? ¿Cómo te sientes acerca de tu cuerpo? ¿Hay partes de tu cuerpo que te gustaría cambiar? ¿Has dedicado mucho tiempo a pensar en tu cuerpo, hacer ejercicio para bajar de peso o para mantenerte en forma, o consultar doctores o especialistas en nutrición o estética para perfeccionar tu forma física?

## Nadie es perfecto

Todo el mundo tiene un pasado, y todos hemos tenido nuestras dificultades; es parte de lo que nos hace ser quienes somos. Así que deja de sentirte mal al respecto. Uno de los retos más grandes que enfrenta una madre es ser un modelo de conducta fuerte y apropiado y, al mismo tiempo, mantenerse fiel a sí misma, aunque eso implique comportarse de manera que algunos considerarían cuestionable. Hay muchas áreas grises en la vida —ojalá no fuera así— y depende de ti decidir qué hábitos y acciones aceptarás y cuáles rechazarás en tu papel de modelo a seguir para tu hija.

> ### Tú eres el árbol
>
> Hay un viejo dicho que reza: "La manzana no cae lejos del árbol". Estoy seguro de que lo has oído. Simbólicamente, por supuesto, la manzana representa a la hija, y el árbol, a la madre. En esencia, la frase afirma la continuidad de las características familiares, tanto las buenas como las malas, y que nuestros hijos, pese a todo lo que hagamos o dejemos de hacer, por lo general se vuelven como nosotros, los padres. Sin embargo, muchas personas nunca reflexionan en este mensaje desde una perspectiva ligeramente diferente. Examinémoslo de nuevo:
> La manzana no cae lejos del árbol.
> Yo digo: "¡Gracias al cielo que sea así!". Tú, madre, eres el árbol. Tú eres la más grande influencia para tu hija. ¿Y quién, pregunto, quién mejor que tú para serlo? ¿Quién mejor que tú para mostrarle el camino? ¿Quién mejor que tú para ayudarle a sortear los peligros de los muchos caminos sinuosos con los que se topará, en especial durante sus primeros dieciocho años de vida? Nadie.
> Si esta idea te intranquiliza, tal vez sea porque crees que ser el árbol implica que debes ser perfecta o, por lo menos, mejor o más capaz o algo más parecido al concepto estereotípico de madre. Estás equivocada.
> Ser el árbol, en mi opinión, significa ser la versión más fuerte y auténtica de ti misma. Incluso si eres una madre a la que no le fascina ser madre o que tiene vicios reales, puedes ser el árbol perfecto para tu hija, no por cambiar, sino por reconocer y hacerte cargo de quien eres.
> Acéptate, madre. Eres un árbol espléndido.

Por ejemplo, ¿cómo puede una madre de una niña pequeña transmitir el mensaje a su hija de que beber puede convertirse en una adicción cuando la madre disfruta de un martini de manzana todas las noches durante la cena con su esposo, sale con sus amigas a tomar unas copas o se acurruca en un sillón a leer un buen libro con una copa de vino blanco?

¿Cómo puede una madre que usa vestidos muy ceñidos, que le ha costado mucho trabajo entrar en ellos, inculcar en su hija, al mismo tiempo, la importancia de la modestia y el respeto por uno mismo?

¿Cómo puede una madre sentarse a cenar dos banderillas y un helado de chocolate bañado de jarabe con sus hijas y hacer hincapié en la importancia de una buena nutrición y una alimentación sana?

El camino de autodescubrimiento en el que te encuentras te ayudará a encontrar las respuestas correctas para ti. Nadie te juzgará ni a tus decisiones mientras las tomes desde una posición de fortaleza, equilibrio y claridad. Estas decisiones adquirirán mayor importancia a medida que vayas realizando el trabajo inicial.

## Tu madre

Es la hora de la cena en un restaurante de la zona. Ocho mujeres cuarentonas salieron a divertirse por la noche. La conversación entusiasta y las risas, incluso para pedir la comida, es contagiosa. En pocas palabras, estas señoras la están pasando muy bien y todos en el restaurante lo perciben.

En algún momento, una de las mujeres se levanta de la mesa para llamar por teléfono. Momentos después regresa, visiblemente molesta. Les dice a sus amigas que la llamada era de su madre (que está cuidando a sus hijos) para pedirle que de camino a casa pase a comprar unos plátanos. "Es tan irritante", comenta ella, refiriéndose a la madre y a la petición. Las amigas demuestran su solidaridad con sonrisas, risas ahogadas y poniendo los ojos en blanco.

"Entonces, ¿vas a detenerte de camino a casa?", pregunta una de ellas.

"De ningún modo", responde la mujer, enojada. "Le dije que fuera ella misma a conseguir los plátanos, si tanto los quería."

El grupo suelta una carcajada al unísono. Es evidente que todas entienden el intenso sentimiento detrás del sarcasmo hacia "la madre". Es igualmente claro que todas saben que su amiga tiene toda la intención de pasar a comprar los plátanos. La conversación continúa entre ellas y una de las señoras propone que, sólo por diversión, una por una diga una palabra que caracterice a su madre.

—Eso es todo. Una sola palabra —explica.

El juego comienza y se oyen las siguientes palabras que cada una elige cuando llega su turno:

—Egoísta.

—Fastidiosa.
—Malvada.
—Loca.
—¡Controladora!
—Sorda.
—Rencorosa.
—Manipuladora.

¿Te sorprende? Para mí, esto confirma la universalidad de las relaciones entre madre e hija. De forma muy similar al estereotipo que usan las mujeres para hablar de los hombres ("¡Todos son unos patanes!") y de los esposos ("¡Todos son flojos!"), parece haber una idea aceptada en nuestra cultura de que las madres, además del amor incondicional que dan, son sumamente irritantes y autoritarias. Y puede ser muy divertido reírse de ellas.

De regreso en la mesa, el juego termina y las mujeres empiezan a conversar otra vez en grupos de dos o tres. Una mujer guarda silencio. Entonces manda callar al grupo y empieza a hablar despacio.

—Oigan, ¿saben qué? —empieza—. Hay una palabra que nadie mencionó y que describe a la perfección a todas nuestras madres.

—¿Cuál es? —pregunta alguna.

La mujer suelta un suspiro lacrimógeno, sonríe con dulzura y luego dice:

—Vivas.

Se hace un silencio total.

—Todas nuestras madres están vivas —sonríe—. ¿Se dan cuenta de lo afortunadas que somos de que nuestras madres sigan con vida?

Es un momento emotivo. A la mayoría de las señoras se les humedecen los ojos, se aprietan las manos o establecen contacto de alguna manera. Una palabra sencilla pero impactante conmovió a cada una de estas mujeres. El amor y la profunda conexión, sana o no, que tenían con sus madres calaron hondo.

Este momento era también testimonio del poder que una madre tiene sobre su hija. ¡Tú eres esa madre! Y al igual que tu madre moldeó tus actos y valores, tú estás moldeando la forma en que tu hija criará a su propia hija. Para ayudarte a pensar más concretamente en las necesidades insatisfechas que son producto de tu crianza y educación, dedica unos minutos a realizar el siguiente ejercicio por escrito.

## EJERCICIO: TU MADRE

Hace poco tiempo mandé un cuestionario sobre este tema a mujeres de todo el país, como medio para obtener información directamente de madres e hijas. Las respuestas fueron esclarecedoras en términos de las lecciones que transmite una madre a su hija. Todos los cuestionarios tuvieron carácter confidencial y ni las madres, ni las hijas, compartieron sus respuestas. Hice las siguientes tres preguntas:

1. Describe tus recuerdos de la relación con tu madre en los siguientes periodos:

   Infancia (de 6 a 12 años de edad)
   Adolescencia (de 13 a 18 años de edad)
   Adultez (más de 18 años de edad)

2. Describe específicamente lo que harás (o intentas hacer) de manera diferente con tu hija de lo que tu madre hizo contigo. ¿Por qué?
3. Describe tres habilidades para sobrevivir que obtuviste de tu relación con tu madre.

A continuación presento la respuesta de una mujer:

*Hasta que cumplí trece años, sinceramente pensaba que mi madre era perfecta. Me enseñó todo, desde cómo cantar hasta cómo doblar servilletas de formas divertidas. Siempre estaba al tanto de lo que ocurría en mi vida, conocía a mis amigos, mi horario escolar y hasta mis sueños de ser la primera presidenta del país. Ella me apoyó y me amó contra viento y marea.*

*Cuando cumplí trece años, algo cambió. Pensé que era yo, pero ahora me doy cuenta de que era ella. En aquella época, sentí que me había dado la espalda y estaba muy confundida. De repente, dejó de mostrar el mismo interés en mi vida o mis amigos. Fueron años solitarios para mí. Mucho después me enteré de que, en ese tiempo, mi papá había tenido una aventura en la oficina y por eso mi madre estaba muy deprimida.*

*Ojalá mi madre hubiera podido contarme lo que sucedía. Tal vez no con grandes detalles, pero por lo menos hubiera sido mejor que ocultarme siempre lo que sucedía en su vida y sus sentimientos.*

*Prometí nunca hacerle eso a mi hija, que ahora tiene ocho años, y creo que hasta el momento he cumplido mi promesa. Sin embargo, hay veces en que me pregunto si comparto demasiado con ella y la trato más como una amiga que como una hija. Incluso si estoy equivocada, supongo que es mejor que como fue con mi madre.*

*Sin embargo, mi madre me enseñó algunas habilidades para superar la adversidad; por ejemplo, aprendí a distraerme leyendo una revista de chismes o viendo un programa de entrevistas por televisión para no llorar demasiado. También aprendí que una copa de vino y música suave pueden tranquilizarme cuando estoy molesta.*

Ahora que has terminado este ejercicio sobre cómo te criaron, te pediré que profundices un poco más.

## EJERCICIO: TUS DIEZ MANDAMIENTOS

En tu diario, escribe los diez mensajes más importantes que recibiste de tu madre, ya sea abierta o sutilmente a través de su comportamiento. Éstos pueden comprender desde lo más superficial a lo más profundo, pero que te ofrezcan ideas positivas o negativas. Por ejemplo:

- Siempre ponte ropa interior limpia.
- Tiende tu cama todas las mañanas.
- Las cartas de agradecimiento deben escribirse durante la semana posterior a recibir un regalo.
- No se puede confiar en un hombre atractivo.
- No tengas relaciones sexuales hasta que te cases.
- Está bien gritarle al camarero cuando tarde mucho tiempo en llevarte la comida.

Ahora dale vuelta a la página de tu diario. Reflexiona objetivamente en los mensajes que tu hija ha aprendido de ti, ya sea abierta o sutilmente, positivos o negativos. Después de que hayas hecho las dos listas, compáralas. Pregúntate lo siguiente:

*¿Le estoy enseñando (o le enseñé) a mi hija los mensajes que aprendí de mi propia madre? ¿Quiero enseñarle a mi hija estos mensajes?*

Viendo las listas como un todo, ¿hay algunos temas generales que se repitan, como sinceridad, confianza o amor?

¿Hay algún tipo de legado, una lección específica que se transmita de generación en generación?

Sin importar cómo sea tu relación con tu hija en este momento (ya sea si crees que te adora o que no puede ni verte), ella sigue siendo tu hija y se siente conectada a ti. (¿Recuerdas la verdad 1? Madres e hijas quieren lo mismo: amor, comprensión y respeto.) Ciertamente, lo entiendes; de otra forma no estarías haciendo este viaje conmigo. El trabajo inicial que has realizado habla mucho sobre tu compromiso y esfuerzo por mejorar la relación que tienes con ella. Ya lograste un gran éxito. Has interiorizado las cuatro verdades sobre las madres e hijas y has trabajado mucho para darle un ejemplo de fortaleza a tu hija. Eres una persona que sabe lo que hace y continúa buscando el equilibrio en su vida. Tu caja de herramientas personalizada te ayudará. Incluso en esos días en los que no estás en tu mejor forma, y todos pasamos por esos días, regresar a una posición de fuerza, equilibrio y claridad será más sencillo ahora que cuentas con las herramientas para lograrlo. Esta capacidad de recuperación te será muy útil cuando centremos la atención ya no en ti, sino en tu hija.

Después de dedicarte tanto tiempo, puede parecerte extraño que te pida que te olvides de ti por un momento. Sin embargo, es el siguiente paso en este proceso. Comenzaremos por examinar los elementos de la lista S.W.E.E.P. de tu hija. Como sabes, la meta última de la lista S.W.E.E.P. es lograr equilibrio en tu vida. Cuando analices la lista de tu hija, tendrás una mejor idea de lo que ocurre en su vida interior. Comprender su lista S.W.E.E.P. les dará a ambas información valiosa sobre cómo cada una afecta las áreas principales de la otra con respecto a las fortalezas y debilidades. Cuando llegue el momento adecuado, la mesa estará puesta para obtener el mejor resultado posible de la estrategia de las sillas.

## EJERCICIO: EXAMINAR LA LISTA S.W.E.E.P. DE TU HIJA

Si tu hija tiene menos de diez años, este ejercicio es algo que debes hacer por ella para ayudarle a hacer ajustes. Si tu hija tiene más de diez años, pueden hacer este ejercicio juntas. (Los asteriscos indican nuevas preguntas concernientes a niñas en edad escolar que debes considerar por ella.) Si tu hija es adulta, la lista S.W.E.E.P. es una herramienta que debe tener. ¡Comparte este ejercicio con ella!

Registra tus respuestas en tu diario (y sugiere a tu hija adulta que ella registre las suyas).

## Sueño

¿Cuántas horas duermes en promedio en una noche?

¿Qué palabra describe mejor cómo te sientes por la mañana cuando despiertas?

¿Caminas o hablas dormida?

¿Golpeas a alguien o algún objeto mientras duermes?

¿Gritas o lloras en tus sueños?

¿Sueñas cuando duermes?

¿Recuerdas tus sueños?

¿Sientes que tus sueños forman parte de tu día?

¿Son sueños felices o te asustan?

¿Hay alguna temática recurrente en tus sueños (como sentirte perdida en una multitud)?

¿Esperas con gusto la hora de dormir?

¿Tienes alguna rutina para antes de acostarte? De ser así, ¿en qué consiste? ¿Tu rutina incluye a otro miembro de la familia?

¿Necesitas leer o ver la televisión para conciliar el sueño?

¿Te preparas para dormir a la misma hora todas las noches?

¿Eres la primera o la última persona en tu casa que se va a acostar?

¿Eres la primera o la última en levantarte cada mañana?

¿Duermes siestas?

¿Qué ropa te pones para dormir? ¿Tienes alguna razón en particular para escoger tu vestimenta?

¿Es tu cama cómoda? Si duermes con otra persona, ¿el tamaño de la cama es adecuado para los dos? ¿Es un lugar al que quieres llegar al final del día?

Cuando te encuentras en tu habitación, ¿te sientes cómoda?

¿Te gustan tus sábanas y almohadas?

Cuando duermes, ¿oyes ruidos o hay distracciones que te perturben, como el tránsito, la televisión o ronquidos?

¿La temperatura es agradable en la habitación donde duermes?

¿Se utiliza tu habitación para alguna otra cosa, como trabajar o ver la televisión?

*¿Tu hija duerme las horas que se requieren para su edad?

*¿Tiene una rutina para ir a acostarse por las noches?

*Si duerme la siesta, ¿cómo funciona su horario?

*¿Se siente contenta de irse a dormir por las noches?

*¿Tiene miedo de dormir o estar sola en su habitación?

*¿Cuál es su parte favorita de alistarse para dormir?

*¿Qué cambiaría ella sobre el momento de acostarse, ya sea la hora o alguna rutina relacionada?

*¿Tiene un cuento favorito para dormir? ¿Por qué sí o no?

*¿Se siente calientita y cómoda en su cama?

## Trabajo (*Escuela)

¿En qué consisten tus labores? ¿Son lo que esperabas cuando te contrataron?

¿Te sientes realizada con tu trabajo? ¿Ves resultados tangibles de tu trabajo? ¿Cómo te hacen sentir esos resultados?

¿Qué metas te has fijado en tu trabajo?

¿Las estás alcanzando?

¿Consideras que tu trabajo es como un trampolín para alcanzar algo más o es el lugar donde realmente quieres estar? Si es un trampolín, ¿hacia dónde te encaminas?

¿Tienes amistades en el trabajo? Si es así, ¿tienen oportunidad de socializar o de salir a comer juntos?

¿Te encuentras recluida en un cubículo todo el día?

¿Tienes ventanas en tu oficina?

¿Hay tensión en el trabajo entre otros y tú?

¿Cómo es tu relación con tu jefe y subordinados?

¿Socializas con tus compañeros de trabajo fuera de la oficina?

¿Tus asuntos familiares se filtran a la hora de trabajar? ¿Te producen tensión?

¿Tu trabajo te recompensa monetariamente? Si es así, ¿estás satisfecha con la cantidad de dinero que recibes?

¿Cómo obtuviste tu trabajo (por ejemplo: por tus estudios, te enteraste por ahí, o por recomendación de un pariente o amigo)?
¿Te sientes apreciada y respetada en el trabajo?
¿Tienes más de un empleo fuera de casa?
Si eres ama de casa, ¿cuántas horas a la semana le dedicas a esta labor?
*¿Le va bien en la escuela a tu hija en el aspecto social? ¿Y en el académico? ¿En cuanto a su conducta?
*¿Tiene dificultades o problemas de conducta que valga la pena resaltar?
*¿Cómo son sus hábitos de estudio?
*¿Le gusta ir a la escuela? ¿De qué humor regresa de la escuela?
*¿Te acercas a sus maestros y conoces lo que ocurre en sus clases?
*¿Sabes con quién se junta en la escuela?
*¿Le gusta su escuela?
*¿Le agradan sus maestros?
*¿Cuál es su materia favorita?
*¿Cuál es el detalle más difícil sobre la escuela para ella?
*¿Come con sus amigas en la escuela?
*¿Qué cambiaría ella sobre el tiempo que pasa en la escuela?

## Alimentación

¿Comes de forma regular a lo largo del día? ¿A qué horas?
¿Qué comes?
¿Te gusta comer?
¿Tienes un platillo o tipo favorito de comida? ¿Con qué frecuencia puedes comerlo?
¿Qué te induce a comer (hambre, dolor de cabeza, hora del día)?
¿Omites alguna comida? ¿Estás a dieta constantemente? ¿Pasas periodos largos sin comer?
¿Te pones irritable si no comes?
¿Comes de más? ¿Te das atracones y luego ayunas? ¿Comes o comes más cuando te embarga una emoción (te sientes angustiada, triste, feliz, etcétera)?
¿Consideras que la comida es vital para estar sana? ¿Crees que es un mecanismo de supervivencia?
¿Con quién comes?

¿Cómo te gusta más comer: con la familia, sola, con amigos, en casa, en un restaurante, en la casa de otra persona?

¿Qué papel desempeñas en la alimentación familiar (planeación, compra, preparación, limpieza, coordinación de horarios)?

¿Comes con tu familia por lo menos tres veces a la semana?

¿Tu familia y tú conversan cuando comen? De ser así, ¿son charlas superficiales o conversaciones más profundas? ¿De qué temas hablan?

¿Crees que tienes una conexión real con tu familia a la hora de la comida?

¿Dónde comen por lo general?

¿Está la televisión encendida mientras comen?

¿Hay alguna otra actividad que tenga lugar a tu alrededor mientras comes?

*¿Tu hija come con sus amigos en la escuela?

*¿Lleva el almuerzo a la escuela o lo compra? Si lo compra, ¿sabes qué come?

*¿Cuál es su comida favorita? ¿Con qué frecuencia la come?

*¿Cuál es la comida que menos le gusta?

*¿Cuál es su restaurante favorito y por qué?

*¿Le gusta cocinar u hornear? ¿Qué tipo de comida?

*¿Alguna vez se siente con náusea, demasiado llena o con hambre después de comer? De ser así, ¿por qué?

## Expresión emocional del ser

¿Tienes una relación íntima, tanto sexual como emocional?

¿Qué es lo que te satisface de esas relaciones?

¿Qué es lo que no te satisface de esas relaciones?

¿Tienes deseo sexual?

¿Cómo manejas los sentimientos de rabia, tristeza, miedo, felicidad, desilusión y frustración?

¿Eres consciente a nivel intelectual de lo que sientes cuando te embargan estas emociones?

¿Se conectan tu mente y corazón durante este proceso?

¿Cómo expresas estos sentimientos a los demás?

¿Lloras, ríes y sonríes?

¿Puedes controlar tus emociones o pierdes el control?

*¿Hace berrinches?
*¿Se siente frustrada por lo general?
*¿Es fácil llevarse con ella?
*¿Le gusta enviar mensajes de texto, correo electrónico y hacer llamadas por teléfono? De ser así, ¿cuánto?
*¿Cómo demuestra su enojo?
*¿Cómo demuestra felicidad?
*¿Qué le hace sonreír? ¿Qué la hace feliz, triste, la asusta o la pone nerviosa?

## Diversión

Describe lo que te parece divertido hacer.
¿Con qué frecuencia te diviertes?
¿Las actividades que consideras divertidas han cambiado con el paso del tiempo?
¿Tu madre es la única persona con la que te diviertes?
¿Elegiste estas actividades o pasatiempos o éstos te eligieron a ti (por ejemplo, trabajo como voluntaria en la escuela)?
¿Compartes estos pasatiempos o actividades con tus amigos, o los realizas por tu cuenta? ¿Tienes alguna preferencia?
¿Haces ejercicio? De ser así, ¿qué ejercicio haces y con qué frecuencia?
¿Hay algún ejercicio que quisieras hacer, pero no tienes tiempo de hacerlo?
¿Ves a tus amigos en algún contexto social?
¿Pasas tiempo a solas cuidando de ti (como ir a que te den un masaje, preparar una comida especial, leer un libro por placer)?
*¿Tu hija sale a jugar con otros niños? ¿La buscan de nuevo los niños?
*¿Va a casa de otros niños a jugar? ¿Invita a sus amigos a la casa?
*¿Tiene actividades extracurriculares?
*¿Forma parte de algún grupo social?
*¿Tiene alguna actividad favorita que realiza sola?
*¿Cómo pasa el tiempo cuando está con sus amigos?
*¿Tiene amigos en la escuela y cerca de la casa?

> **Tu caja de herramientas**
>
> Fortaleza: No olvides las cuatro verdades.
> Equilibrio: Analiza tu lista S.W.E.E.P.
> Claridad: Tu hija, tu oportunidad.

## EJERCICIO: SEGUIMIENTO DE LA LISTA S.W.E.E.P. DE TU HIJA

Ahora que tú y tu hija han reflexionado en las preguntas anteriores y anotado sus respuestas, por favor consulta las páginas 50-53. De nuevo, recuerda que éste no es un ejercicio para una sola ocasión, sino un proceso continuo.

En este momento, madre, te encuentras ante una encrucijada. Espero que estés lista para pasar a la siguiente etapa de nuestro viaje. Por otra parte, quizá pienses que este proceso te ha dado lo que necesitabas y que el siguiente paso, que requiere aún más tu atención, es innecesario. No te vayas, tenme paciencia.

Te prometo que nuestro siguiente foco de atención, la estrategia de las sillas, cambiará la relación con tu hija para siempre. Créeme cuando te digo que ya terminaste el trabajo difícil. Disfrutarás de los beneficios de la estrategia de las sillas en correlación directa con el trabajo inicial que ya has realizado. Por lo tanto, llevas ventaja. La sinceridad y el compromiso que has dedicado a este proceso hasta ahora seguirán rindiendo todavía más frutos, y no sólo para ti, sino también para tu relación con tu hija.

PARTE DOS

# La estrategia de las sillas

Una semana antes de abrir mi primer consultorio de psiquiatría, me di cuenta de que no había considerado algo importante: ¡los muebles! Literalmente, no tenía nada para que mis pacientes se sentaran durante las sesiones. Tras haber gastado hasta el último centavo en mi formación médica, no tenía ni dónde caerme muerto. Por lo tanto, fui a varias tiendas de muebles de segunda mano a buscar el proverbial diván de psiquiatra, con la esperanza de encontrar algo barato. Mi sueño era un sofá enmarcado en madera al estilo de los años cincuenta, con cojines de terciopelo, mullidos y cómodos. Pero como costaba 399 dólares, el diván estaba fuera de mi alcance. Así que tuve que conformarme con dos sillas de madera que habían sobrado de un juego de comedor. Definitivamente no eran las sillas más bonitas, pero servían. Y aunque en su momento fue decepcionante... esas sillas cambiarían todo.

# 4 Introducción a la estrategia de las sillas

Hace algunos años, mientras esperaba a que llegaran una madre y su hija para una sesión conjunta, oí un ruido fuerte que venía del pasillo. Al escuchar más cerca el ruido, me di cuenta de que eran dos voces exaltadas. En ese momento, varias personas de las oficinas vecinas salieron a ver qué sucedía. Mi intuición me decía que se trataba de mis pacientes de las cuatro de la tarde.

Abrí la puerta del consultorio. Dos mujeres se acercaban; ambas tenían el rostro encendido por la rabia. Se trataba de Julie, una adolescente de dieciséis años, y su madre. Me miraron, y sin inmutarse, continuaron la discusión.

>Julie: Eres una verdadera bruja. Lo sabes, ¿verdad?
>
>Madre: Pues de tal palo, tal astilla.
>
>Dr. Sophy: Hola, ustedes deben ser mi cita de las cuatro.
>
>Madre: Sí, doctor.
>
>Julie: Hazte cargo de tus porquerías, mamá. ¡Yo me voy a casa!
>
>Julie se marchó furiosa.
>
>Madre: Doctor Sophy, bienvenido a mi mundo.
>
>Dr. Sophy: Por favor, intentemos que regrese Julie...
>
>Madre: Deje que se vaya. ¡No soporto ni verla!

La primera vez que una madre y su hija van juntas a una sesión en mi consultorio, en particular cuando la hija tiene más de diez años, llega un punto en el que una o ambas comienzan a gritar. Algunas veces, la discusión llega a ser muy violenta. Algunas madres e hijas, como Julie y su madre, entran cuando la situación está al rojo vivo, con la intensidad y la furia de dos peleadores en un cuadrilátero de boxeo. Ésas son las ocasiones en que debo recordar que no soy, ni seré, árbitro. Ése no es mi trabajo, aunque tener un silbato colgando del cuello no sería mala idea.

Comúnmente, cuando una madre y su hija vienen a verme por primera vez es porque una, o las dos, verdaderamente creen estar en crisis. De otra forma, no estarían sentadas en el consultorio de un psiquiatra. El problema específico que desean tratar puede ir desde malos hábitos para hacer las tareas escolares hasta el consumo de drogas ilegales. Sin embargo, en mi opinión, a menos que el problema identificado sea literalmente una situación de vida o muerte, no es una crisis. La comunicación poco sana entre ellas, en la que ninguna de las dos se respeta, y mucho menos escucha o comprende a la otra, es la verdadera crisis. En consecuencia, comenzamos por tratar esa crisis.

Ahora que tienes una idea de la interacción inicial que observé entre Julie y su madre, imaginarás el motivo por el que fueron a verme. Resulta que la discusión comenzó porque Julie envió un mensaje de texto a altas horas de la noche a un amigo. La mamá consideró inapropiado que la chica mandara mensajes de texto a esas horas, en especial a un muchacho. A partir de ahí, la relación empezó a deteriorarse mucho hasta el momento en que las conocí.

No digo que mandar mensajes de texto no pueda ser causa de una discusión acalorada entre una madre y su hija. Sin embargo, la cuestión más importante en este caso era que la comunicación irrespetuosa entre ellas había llegado a un nivel muy nocivo. Espero que comprendas que este tipo de interacción es la verdadera crisis.

Por supuesto, mi presencia pudo haber exacerbado el volumen y el drama entre madre e hija, como en muchas ocasiones el acto de visitar a un psiquiatra exacerba la angustia. Era el modo en que ambas, de manera consciente o subconsciente, me pedían que tomara partido. Incluso el fuerte ruido inicial que oí en el pasillo era su forma de anunciar su postura personal para la sesión a la que venían. Nada podría haberles causado más felicidad que yo señalara a una diciendo: "¡Sí, tienes razón!". Esto no ocurrirá jamás, por supuesto. En el momento en que tomara partido, perdería credibilidad como tercero neutral.

Hay otra razón por la que el volumen y el drama, por lo general, se intensifican a mi alrededor. Las personas que sufren quieren sentirse seguras de que comprendo su dolor, y quieren que responda con compasión. No necesito, y mucho menos quiero gritos u otros actos dramáticos para sentir compasión o comprender por qué dos personas sufren mucho. Lo que sí necesito para poder ayudarlas son pensamientos claros expresados de forma un poco menos emotiva. Si me dan eso, ya vamos por buen camino.

Después de que Julie se marchó, su madre y yo entramos en el consultorio. Luego de unos momentos, la mujer logró controlarse. Respiró profundamente y se sentó. Julie regresó y asomó la cabeza por la puerta.

Julie: No le llenes la cabeza de mentiras sobre mí.

Mi primer objetivo en una sesión como ésta es calmar los ánimos de las pacientes. El reto es lograr, de alguna manera, que bajen el volumen y así restar un poco de emoción. Es la única forma en que ambas pueden empezar a entender con objetividad cómo se comunican. Esto requiere que confíen en mí, que tengan confianza en que el único lado en el que me encuentro es en el lado colectivo para que puedan resolver su crisis; que tengan confianza en que comprenderé plenamente la situación, sin emociones. Una vez que gano su confianza, el reto radica en ayudar a cada una a entender su situación, hacer que comprendan el dolor de la otra y asegurarles que existe una solución al problema.

¿Cómo convencer a una madre y a su hija de que gritar y culparse mutuamente sólo conseguirá lo contrario de lo que se proponen? ¿Cómo hacer entender a una madre y a una hija furiosas que existe solución, pero que primero deben reconocer que ambas son parte del problema?

Desde mis primeros días de práctica psiquiátrica, una de mis metas iniciales fue ayudar a mis pacientes a comprender cómo se comunican. Deseaba ayudarles a encontrar una forma de visualizar sus conflictos. La idea de colocar un espejo en mi oficina me pasó por la mente, pero me di cuenta de que sería demasiado abrumador. Lo que necesitaba era un elemento visual tridimensional de algún tipo para ilustrar la volatilidad o la nocividad de lo que observaba entre ellas.

Existen diversos beneficios reales de aprender con un estilo concreto. Es como tocar algo que no es tangible en realidad, es decir, los sentimientos. Tener una representación visual y tangible es una forma de entender con mayor claridad los sentimientos propios y tener acceso a cómo la otra persona interpreta estos sentimientos en el conflicto. Esto ayuda a ambas participantes a entender mejor su papel personal en el conflicto para que puedan asumir la responsabilidad de la parte que les corresponde. Por último, permite que las participantes encuentren una manera eficaz de superar el conflicto.

Una y otra vez, al escuchar y observar a madres e hijas discutir con enojo y crueldad, notaba el cambio en la posición natural de los cuerpos y el ligero movimiento de las sillas en las que se sentaban. Cuanto más violenta era la discusión, tanto más se alejaban una o ambas de la otra. En el caso de Julie y su madre, cuando Julie regresó a la sesión, textualmente empujó la silla que se encontraba junto a su madre lo más lejos posible de ella antes de sentarse. También he observado lo opuesto. En una sesión donde existe entendimiento, respeto y una conexión emocional fuerte, las sillas y cuerpos de las pacientes se acercan más uno al otro. Me pareció totalmente lógico; es el clásico ejemplo de lenguaje corporal. La posición de dos sillas era la perfecta herramienta visual que necesitaba para ayudar a mis pacientes a ver sus conflictos emocionales.

Aquellas dos sillas de madera que tanto detestaba se volvieron, en esencia, el fundamento de lo que ahora llamo "la estrategia de las sillas". He utilizado eficazmente esta técnica con miles de pacientes y a ti también te servirá. Sin duda, las llevará, a ti y a tu hija, a un lugar de comprensión y respeto más sano y amoroso.

## La estrategia de las sillas: panorama general

La estrategia de las sillas se basa en tu fortaleza como conductora designada. Comenzarás por observar simplemente la forma en la que tú y tu hija se comunican, de manera verbal y no verbal, en tiempos de paz y de conflicto. Luego trabajarás para mejorar la comunicación. Los periodos difíciles entre ambas no desaparecerán por completo, ni tienen por qué hacerlo. Estos momentos difíciles pueden llevar a un verdadero crecimiento en la relación madre-hija. Es el daño lo que queremos evitar. La estrategia de las sillas está diseñada para aportar fortaleza, respeto y seguridad a tu comunicación para que no haya ningún problema que enfrenten que descarrile su relación.

La estrategia de las sillas se basa en la idea de que siempre estás comunicándote subconscientemente con tu hija en una de tres posiciones, dependiendo de la posición metafórica de las dos sillas. Éstas son:

Introducción a la estrategia de las sillas

Espalda contra espalda

Cada vez que te comunicas con tu hija, ya sea literalmente sentadas en las sillas, de pie, por teléfono, por medio de mensajes de texto, correo electrónico, en cuartos separados o incluso en distintos continentes, esta comunicación se puede describir por medio de alguna de las tres posiciones. Ahora que tienes en la mente esta representación visual sencilla y concreta, veamos cómo cada posición promueve o entorpece la comunicación sana con tu hija. Primero describiré cada posición, y luego aprenderemos a establecer la conversación con tu hija en las diferentes posiciones, así como a lograr la transición de una posición a otra.

## Posición de espalda contra espalda

Madre: ¡Tu tarea de matemáticas está muy sucia! Apenas puedo entender estos números.

Hija: ¿A quién le importa? Todas las respuestas son correctas.

Madre: ¿Qué quieres decir con eso de "a quién le importa"? A mí me importa y a ti también debería importarte.

Hija: Déjame en paz. Nadie te pidió que la revisaras.

¿Has tenido una discusión de este tipo con tu hija, en la que todo lo que ella dice te parece irrespetuoso o desafiante, o en la que tu hija piensa esto mismo de tus respuestas? ¿O cuando ninguna de ustedes escucha a la otra, cuando el silencio las consume o hay una completa cerrazón verbal?

Bienvenida a la posición de espalda contra espalda, en la que impera la falta de respeto. Otras palabras relacionadas con esta posición son:

Enojo
Agresividad
Competitividad
Malicia
Gritos
Cerrazón
Antagonismo
Sarcasmo
Indiferencia
Silencio

Por supuesto, estar sentadas en la posición de espalda contra espalda no les permite establecer contacto visual ni una conexión real. Esto hace imposible cualquier resolución. La comunicación de espalda contra espalda es agresiva, estridente y muchas veces feroz. Por momentos, puede significar que no se dirijan la palabra, mucho menos que se escuchen. El maltrato físico y verbal se clasifica en la categoría de espalda contra espalda. Y para algunas madres e hijas, este tipo de maltrato puede ser el resultado de encontrarse constantemente en esta posición.

Incluso antes de que tu hija pudiera expresarse verbalmente, ya había aprendido a asumir la posición de espalda contra espalda contigo por medio de berrinches. Protestar a la hora de ir a dormir, negarse a comer verduras, insistir en comprar dos juguetes cuando le has permitido sólo uno, todos estos ejemplos son formas tempranas de este estilo de comunicación y deben esperarse.

Por difícil que sea, no debes tratar de iniciar un diálogo con tu hija en esta posición. Por ejemplo, Alexis, una chica de quince años de edad en su segundo año de bachillerato, llegó a casa y le contó a su madre que una compañera estaba embarazada. La respuesta de la madre: "¡Qué terrible! ¡Debería estar avergonzada esa niña!". Éste es el clásico comportamiento

Cara a cara

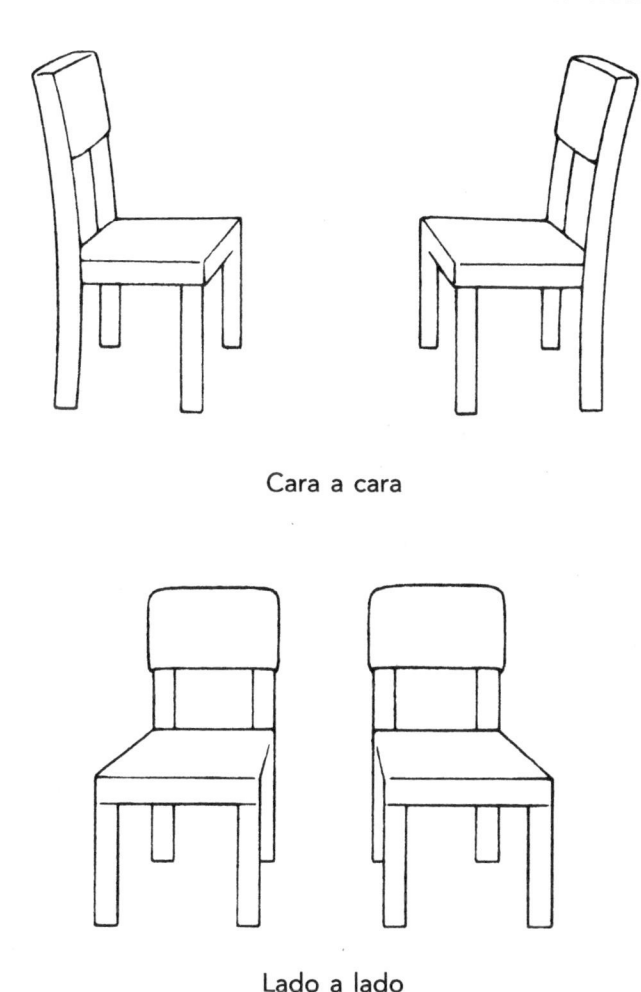

Lado a lado

de espalda contra espalda. Lo peor de todo fue que la madre de Alexis tenía la oportunidad perfecta para entablar un diálogo respetuoso y amoroso sobre un tema importante. Como expliqué anteriormente, la reacción de la madre a esta situación tal vez se debió a sus propios problemas. O quizá era el tipo de respuesta que tendría ante cualquier tema que no estuviera preparada para enfrentar con su hija. De un modo u otro, es evidente por qué la posición de espalda contra espalda tiene el potencial de hacer daño, tanto en esta situación particular como a lo largo del tiempo.

De la misma manera, existe también el potencial de que esta posición, en la relación con tu hija, sirva para abrirte los ojos y llevarlas a un crecimiento positivo. Si alguna vez han tenido una pelea a gritos y sombrerazos y lograron superarla, ya has experimentado (hasta cierto punto) el tipo de crecimiento del que hablo. Saliste airosa de un intercambio volátil con tu hija y vislumbraste el alcance y los límites de las emociones de ambas. Atestiguar y sentir este tipo de pasiones puede enseñarte varias cosas:

### Casos prolongados de la posición de espalda contra espalda: causas y consecuencias

Si te encuentras mucho tiempo en posición de espalda contra espalda con tu hija, probablemente tiene algo que ver con tus necesidades insatisfechas en esa área. Si has atendido estas necesidades insatisfechas, pero aun así te encuentras en esta posición con tu hija, es probable que se deba a que ella discrepa de tu postura. En tal caso:

- Si tu hija es pequeña, como eres responsable de tomar decisiones por ella, puedes optar por insistir u olvidar el asunto y seguir adelante. Sólo tú puedes poner en la balanza las ventajas y desventajas de esta batalla. Elige con prudencia.
- Si tu hija es mayor, también depende de ti si insistes o no en tu postura. Considera que ésta puede no ser una batalla que tú hayas elegido. Algunas veces adoptar una postura más flexible para evitar crear una mala situación es lo más sensato. Y el respeto y el apoyo, en la forma de flexibilidad, que tu hija recibirá de ti, serán de gran ayuda.

Recuerda que cuando una madre y su hija están estancadas en la posición de espalda contra espalda, el daño puede llegar a ser terrible. Unirse a una pandilla, quedar embarazada, consumir drogas o suicidarse son algunas de las formas extremas a las que una hija puede llegar para hacer frente al dolor de estar emocionalmente desconectada de su madre: el tipo de desconexión que provoca estar en la posición de espalda contra espalda demasiado tiempo.

INTRODUCCIÓN A LA ESTRATEGIA DE LAS SILLAS

1. La fortaleza de tu relación: Por terrible que haya sido la situación entre ustedes, han logrado salir adelante.
2. La fortaleza de cada una: Respeta el hecho de que tienes mente propia, como también la tiene tu hija.
3. Lo indeseable que puede llegar a ser: Esta posición puede llegar a asustarte o molestarte y te motivará a hacer tu mejor esfuerzo para no acercarte a esta zona.

### Ten cuidado con tu posición de espalda contra espalda

Un día, estaba yo en el parque leyendo cuando oí una vocecita tierna y dulce que preguntaba: "Mami, ¿veremos a la maldita vieja aquí?". Levanté la mirada y me di cuenta de que la pregunta venía de una niña de cuatro años. Su madre, muy avergonzada, lanzó una mirada rápida a su alrededor para ver si alguien había oído el comentario y luego calló a su hija. Continué leyendo y la madre me preguntó: "La oyó, ¿cierto?".

*Dr. Sophy: Sí, pero no se preocupe.*

*Madre: Estoy tan avergonzada. No, más bien, mortificada.*

La tranquilicé de nuevo. Se sentó a mi lado en la banca mientras su hija jugaba en el arenero. La madre comenzó a llorar, y luego se decidió a hablar. Explicó que el día anterior se había visto envuelta en un choque automovilístico muy leve en el estacionamiento del supermercado con otra mujer. Comenzaron a discutir sobre quién había tenido la culpa y terminaron intercambiando números telefónicos para arreglarlo después. Cuando la madre regresó al automóvil, estaba muy molesta y llamó a la otra mujer "maldita vieja". En ese momento creyó haberlo dicho en voz baja, pero, como era evidente, la hija de cuatro años, que iba en el asiento posterior, la oyó.

Le expliqué a la madre que el lenguaje inapropiado que su hija oyó no debería preocuparle tanto como lo que su hija observó: a su madre en una posición hostil, espalda contra espalda, con una completa extraña. Te doy este ejemplo para recordarte que debes tener cuidado en cómo te comunicas con los demás. Tu hija te está observando.

Estos momentos, con un poco de suerte, serán breves, y sirven como una forma de catarsis entre madre e hija, más que ser un destino a largo plazo.

Cuando te encuentres en la posición de espalda contra espalda, tienes dos opciones: permanecer ahí o buscar la forma de salir de esa posición.

Tu comportamiento será el que inicie el cambio, en especial si tienes una hija pequeña. Si tu hija es mayor y comprende la teoría en la que se basa la estrategia, podrá también iniciar el cambio. En términos generales, la participante que tiene mayor control de sus emociones es quien pone el ejemplo, y ésa debes ser tú, madre, la mayoría de las veces.

## Posición cara a cara

> Madre: No entiendo todos los números en tu tarea de matemáticas.
>
> Hija: No te preocupes. Mi maestra sabrá cómo entenderlos.
>
> Madre: Creo que sería mejor si eres más limpia cuando hagas tu tarea.
>
> Hija: Sería una gran pérdida de tiempo. Además, sé que tengo las respuestas correctas.
>
> Madre: No se trata de tener las respuestas correctas. Tu trabajo debe ser mucho más limpio.
>
> Hija: De verdad, mamá, no es tan importante.
>
> Madre: Es muy importante. Y sé que el próximo año la escuela será muy estricta con la limpieza.
>
> Hija: Perfecto. Entonces el año que entra seré más limpia.
>
> Madre. Anda, te ayudo a volver a hacer parte de tu tarea.
>
> Hija: Está bien, comprendo.

La posición cara a cara es ideal para trabajar conflictos acalorados y desacuerdos graves con tu hija. Si la posición de espalda contra espalda es la forma más difícil de comunicarse, la posición cara a cara es la menos difícil y la más apropiada y respetuosa para lidiar con emociones intensas. Visualmente, por supuesto, permite de forma natural:

- El contacto visual
- Escuchar activamente
- Proximidad al tacto

- La expresión emocional
- El lenguaje corporal

Estos elementos establecen respeto y conexión verdadera en la posición cara a cara. Tu hija y tú pueden mostrarse abiertas a las ideas de la otra y ser capaces de escucharlas, aun cuando tengan opiniones contrarias. Así se reconfortarán mutuamente, aunque estén en desacuerdo. En la posición cara a cara, el lenguaje puede ser fuerte, no cabe duda, para intentar persuadir a la otra persona de que cambie de opinión, pero es respetuoso. Por lo general, la gente describe esta posición con los siguientes términos:

Respetuosa
Intensa
Abierta
Emocionante
Apasionada
Impactante
Colaborativa

Resulta muy difícil sostener tal intensidad en una relación, aunque ésta se exprese de forma respetuosa, como en la posición cara a cara. Por un lado, es agotador estar cerca de alguien que se expresa constantemente con mucha intensidad y franqueza. El receptor puede interpretar esa vehemencia como agresividad. Con el paso del tiempo, esta intensidad desgasta la tolerancia y no siempre tiene una buena acogida. Debido a esto, la posición cara a cara no puede ser, si somos realistas, un lugar donde encontrarte con tu hija por siempre. Sin embargo, la pasión que permite expresar puede ser emocionalmente satisfactoria. Estar cara a cara es la única manera de lograr que dos personas que mantienen con vehemencia sus opiniones se respeten.

Imagina si siempre estuvieras en una posición cara a cara con tu hija respecto al hecho de que su cuarto está desordenado. En algún momento tendrías que darte cuenta de que, o aceptas su desorden, o propones una mejor solución para ambas (estos dos ejemplos forman parte de la posición lado a lado, que se explicará a continuación). Un diálogo constante, contundente y enérgico acerca de la habitación desordenada sería muy desgastante para las dos. Trabaja el asunto en la posición cara a cara, y después de que se hayan escuchado con respeto, pónganse de acuerdo y superen el problema.

Una vez que lo hayan logrado, traten de apegarse a la solución pactada para que no tengan que volver a la posición cara a cara a tratar el mismo tema.

Una de mis pacientes pasaba por un momento difícil con su hija Sally, de siete años, que recibió una casa de muñecas como regalo de navidad y quería llevarla a todas partes. Pidió permiso para llevarla una noche a un restaurante para jugar durante la cena. La reacción inicial de la madre fue: "¡Dije que no! ¿Cuántas veces tengo que decirte que éste no es un juguete portátil?". La posición de espalda contra espalda de la madre acabó provocando una reacción tan violenta en Sally que toda la familia terminó cenando las sobras de la comida en la cocina. Cuando la madre me lo contó, le mostré lo que pudo haber sucedido si hubiera manejado la situación desde la posición cara a cara:

> Sally: Mami, ¿puedo llevar la casa de muñecas a la cena hoy por la noche? Por favooooor, ¿sí, sí?
>
> Madre: Sé cuánto te gusta tu casa de muñecas, pero simplemente no es el tipo de juguete que podamos llevar con nosotros a un restaurante.
>
> Sally: ¿Por qué? ¡De veras quiero llevarla! ¡Por favoooooooooooor!
>
> Madre: Es demasiado grande para llevarla. Cuando regresemos de la cena puedes jugar con ella, ¿sí?
>
> Sally: Va a ser hora de dormir; ¡será demasiado tarde!
>
> Madre: Tienes razón, vamos a regresar tarde, Sally. Pero tengo una idea. Puedes llevar una de tus muñecas pequeñas y algún mueble de la casa de muñecas a la cena, o cuando volvamos a casa, podrás quedarte diez minutos más a jugar con tu casa de muñecas.
>
> Sally: ¡Sí! Jugaré con mi casa de muñecas cuando regresemos. ¡Gracias, mami!

Aunque la madre comprendía la idea de la posición cara a cara, insistió en que, como se trataba de una cuestión recurrente, simplemente pensaba que no iba a funcionar. Estuve de acuerdo en que todavía se necesitaba cierto estira y afloja para resolver el asunto, pero la ayudé a entender que cara a cara era la única posición para resolver el problema. De hecho, es la posición ideal que debes esforzarte por alcanzar en cuanto puedas salir de la posición de espalda contra espalda. El reto radica en mantener la intensidad y la pasión de la posición de espalda contra espalda, agregar respeto y quitar la volatilidad y mala leche. Luego le enseñé a la madre algunas técnicas para avanzar a la siguiente posición: lado a lado. Más adelante en este capítulo hablaremos de estas técnicas.

> ### El reto de la posición cara a cara
>
> Uno de los más grandes retos de la posición cara a cara es seguir manteniendo esta postura, a pesar de que la otra parte no comparta tu opinión, aunque la respete. Ten en cuenta que esta posición es la única manera en la que tu hija y tú pueden analizar bien un problema complicado. Siempre que ella te escuche y respete y tú ofrezcas lo mismo a cambio, ¿qué más puedes pedir?
>
> Si sigues sintiéndote frustrada, no te des por vencida y optes por la retirada. Esto sólo te mandará de regreso a la posición de espalda contra espalda.
>
> Mantente firme en esta posición.

## Posición lado a lado

Madre: Hiciste muy bien tu tarea de matemáticas. Aunque no estoy segura, ¿éste es un siete o un dos?

Hija: Es un dos.

Madre: Ah, muy bien. Tal vez podrías hacer esa raya un poquito más marcada. ¿Qué tal éste? ¿Es un siete o un dos?

Hija: Creo que es un dos; sí, es un dos.

Madre: Tal vez deberíamos pasar esto en limpio. ¿Qué opinas?

HIja: No, la maestra sí lo va a entender.

Madre: Sí, claro, aunque quizá no sea una mala idea limpiar un poco estos números, por si acaso. Me siento contigo mientras lo haces.

Hija: Bueno, está bien, ¿por qué no?

Como ilustra este ejemplo, en la posición lado a lado, madre e hija se apoyan una a la otra, pero se muestran abiertas al desacuerdo. Miran en la misma dirección y prácticamente desde el mismo lugar, aunque no necesariamente vean lo mismo. Las sillas de la madre y la hija tal vez estén orientadas en la misma dirección; sin embargo, eso no es garantía de que tengan el mismo punto de vista. Esta posición permite que ambas expliquen sus perspectivas de manera neutral y trabajen juntas para llegar a una resolución, incluso si la resolución es discrepar. Es la posición deseable para casi toda comunicación con tu hija y el lugar ideal para pasar la mayor parte del tiempo. Permite que ambas se mantengan firmes en sus observaciones, opiniones, ideas, y decisiones y, al mismo tiempo, demuestran respeto mutuo. Es una posición que comúnmente se describe con términos como:

Aceptante
Comprensiva
Apacible
Cómoda
Serena
Colaborativa
Neutral

Llegar a la posición lado a lado es un proceso. Digamos que tu hija de dieciséis años tiene un nuevo novio. Tus instintos maternales te dicen que él es un aprovechado y que en algún momento le romperá el corazón. Oyes a tu hija hablar de lo amable que el novio es con ella, lo que tú misma has presenciado de vez en cuando. Pese a ello, hay algo que no te gusta del muchacho. Pero a los dieciséis años tu hija ya tiene permiso de salir con el novio y confías en ella. Entonces, ambas llegan a un acuerdo sobre las reglas básicas: sólo una salida por la noche en fin de semana, nada de llamadas después de las 10 de la noche los días de clase y no llegar más tarde de la hora permitida. Aunque tu opinión acerca de él no ha cambiado, has aceptado que es la persona con la que tu hija sale en este momento. La hija tiene novio y límites, y la madre está atenta, pero le demuestra respeto.

Aunque tu hija y tú han llegado a un acuerdo, es natural que existan sentimientos residuales. Lo importante es no dejar que esos sentimientos te lleven a retomar la discusión después de haber llegado a un acuerdo. Es muy importante reafirmar tu confianza y seguridad en la relación. En este caso, la madre ha manifestado con toda claridad su opinión sobre el novio de la hija, y esa opinión no ha cambiado. Lo que ha cambiado es el modo en el que la madre se enfrenta a la situación. En lugar de intentar

> ### No tengas miedo de darle libertad a tu hija
>
> En la historia anterior, la madre no estaba muy contenta con el novio de su hija y hubiera preferido que ni siquiera lo viera. Debido a que la madre asumió una posición lado a lado y permitió a la hija experimentar la relación dentro de ciertos límites, la hija bien podría terminar por darse cuenta que el muchacho no le conviene después de todo. Pero es mucho mejor para la hija llegar a entender esto por ella misma que la alternativa. Si la madre hubiera manejado la situación desde una posición de espalda contra espalda y hubiera impuesto su autoridad, la hija no se habría sentido respetada. Y sólo por hacer enojar a la madre, podría llegar más lejos aún e intentar salir en secreto con él. Esto podría causar todavía más problemas.

imponerse en la relación (una posición clásica de espalda contra espalda), la madre ha permitido que su hija continúe saliendo con el novio siempre que siga ciertas reglas a las que ha accedido. Se trata de una posición lado a lado en acción.

Debido a la impresión de neutralidad, algunas veces las madres consideran que la posición lado a lado es algo maquinal o una salida fácil. Pero no te equivoques, la posición lado a lado es algo que debe ganarse. Y nunca es sensato elegir esta posición como el camino de menor resistencia, para evitar conflictos, ahorrar tiempo, o una salida temporal para evitar una batalla (a menos, por supuesto, que el desacuerdo sea por algo menor, como pedir comida china o italiana para cenar; debes saber escoger tus batallas). De hecho, este tipo de salida fácil es contraproducente. Te roba la oportunidad de realizar el trabajo del cual depende el éxito de la estrategia de las sillas.

Desde luego, uno de los objetivos a corto plazo de la estrategia de las sillas es analizar y superar los conflictos. Pero la meta última es crear un medio de comunicación continua, sana y eficaz entre tu hija y tú. Cuanta más historia en común tengan de análisis y superación de conflictos, más fuerte será el lazo que las una. Elegir la posición lado a lado para evitar una confrontación puede darte la impresión de funcionar a corto plazo, pero en realidad les roba una parte de esa historia. También evita que ejercites los

> ### Lado a lado: el ideal
>
> Si se encuentran en una posición lado a lado, han trabajado para resolver el conflicto juntas con honestidad, comprensión y respeto. Se han abierto una a otra y tal vez han aprendido algo en el proceso. Cuantas más veces logren tu hija y tú llegar a esta posición, tanta más seguridad y confianza habrá en su relación. Esto es algo que nunca sobra.

músculos que esta estrategia pretende fortalecer. Reflexionar y analizar el conflicto en una posición cara a cara te acercará a tu meta de conexión.

Es comprensible que sientas la tentación de recurrir a la posición lado a lado, más neutral, sólo para mantener la paz, pero no lo hagas cuando se trate de un asunto serio o de problemas que son recurrentes en sus vidas, como tareas, novios y reglas de la casa. Puede que las apacigüe temporalmente e incluso las haga creer que el problema ha quedado resuelto, pero el meollo del asunto, que has evitado, volverá a surgir, y cuando eso suceda, será aún más difícil de enfrentar, ya que iniciaste la conversación desde una postura falsa, que no se basaba en tu verdadera perspectiva, sino en tu deseo de hacer las paces.

La buena noticia es que mientras más tiempo pases en la posición cara a cara arreglando los problemas, más práctica tendrás para usar esta estrategia y será más fácil la transición hacia la posición lado a lado.

## Había una vez dos sillas

Una de las preguntas más frecuentes que me hacen sobre la estrategia de las sillas es: ¿En qué momento de la relación entre madre e hija puede identificarse la posición de las sillas? La respuesta, en pocas palabras, es: ¡desde el día en que nació tu hija! En ese momento las sillas estaban colocadas de forma natural en la posición lado a lado. Las dos estaban en perfecta sintonía; sus identidades eran claras. Ella era una recién nacida; tú eras su madre y tenías a tu cargo su cuidado. En aquellos días, tu saludable bebé dormía, comía y hacía todo lo que debía hacer. Y tú respondías de la misma manera y hacías todo lo posible para satisfacer sus necesidades. Ambas veían las cosas de forma diferente y, sin embargo, colaboraban y miraban en la misma dirección. Era una posición ideal lado a lado. Ahora examinemos lo frágil que esta posición puede ser.

Carla y su esposo habían tenido muchas dificultades para concebir un hijo. Después de diez años de tratamientos de fertilidad y cinco abortos espontáneos, Carla, de cuarenta años, dio a luz a su hija Angie. Cuando Carla vino a verme por primera vez estaba muy ansiosa y sumamente preocupada por Angie, que ya tenía ocho años y muchos problemas en segundo grado. El rendimiento escolar de Angie, que antes había sido bueno, era ahora inferior al promedio. Ninguna de las dos dormía bien y discutían por todo, desde los deteriorados hábitos de estudio de Angie hasta cómo se vestía y cuándo tenía que ir a acostarse.

La profunda decepción que Carla sentía en su consulta inicial le recordaba otras tantas decepciones que había sentido durante la corta vida de Angie. Carla habló con resentimiento de las expectativas que tenía durante el embarazo, cómo imaginaba que todo sería perfecto una vez que llegara su bebé. Cuando Angie nació, Carla estaba maravillada. En el hospital, Carla pasaba horas observando a Angie, no dejaba que nadie más le cambiara el pañal y, en especial, le fascinaba amamantarla. Pensaba que era la única manera de crear un lazo con ella. Después de haber pasado por el largo y doloroso camino de la infertilidad, Carla estaba determinada a hacer todo ella misma y a su manera.

La mañana que volvieron a casa del hospital, el médico de Carla le dijo que debido a que su producción natural de leche no era tan rápida como sería deseable, debía complementar la alimentación de su bebé con leche de fórmula. Carla se enfureció; insistió en que el doctor se equivocaba y rechazó la idea de utilizar la fórmula. Ella creía indefectiblemente que amamantar a su hija era el único y verdadero modo de relacionarse con ella.

Carla: ¿Puede creer que el doctor me haya dicho algo tan horrible?

Dr. Sophy: Dígame por qué le parece tan horrible.

Carla: Bromea, ¿verdad? Por favor, dígame que bromea, doctor Sophy.

Dr. Sophy: No, no estoy bromeando, Carla. Por favor explíquemelo.

Carla: ¡Soñaba con amamantar a mi bebé y él me quitó ese sueño!

Dr. Sophy: ¿Y qué sucedió después?

Carla: Perdí el control, grité y lloré.

Dr. Sophy: ¿Dónde estaba Angie en ese momento?

Carla: Ahí, junto a mí, gritando y llorando también. Probablemente Angie tampoco quería la fórmula y me lo hacía saber a su manera.

Hubo una pausa.

Dr. Sophy: ¿Podría haber sido que Angie lloraba porque tenía hambre o porque estaba asustada por sus demostraciones de enojo?

Carla: No lo recuerdo exactamente, pero lo dudo. Lo único que recuerdo es lo furiosa que yo estaba.

Al cabo de sólo tres días juntas, las sillas de Carla y Angie ya no se encontraban lado a lado. Se habían movido rápidamente a una posición de espalda contra espalda.

Es entendible, por supuesto, que Carla se molestara. Ella se había esforzado enormemente para tener un bebé y durante mucho tiempo había anhelado, incluso había fantaseado con amamantar a su bebé. Experimentó una verdadera pérdida. Sin embargo, si Carla hubiera hecho el trabajo inicial que tú ya hiciste, habría tenido otra reacción. Cuando el médico le dijo que debía darle leche de fórmula a su hija, Carla habría podido ser capaz de separar sus propias necesidades (deseo de amamantar) de las de su hija (alimentarse). Entonces habría podido centrarse en el verdadero problema, que era que su bebé recién nacida necesitaba más leche. Pese al deseo de Carla, la realidad es que un bebé se nutre y crece con la fórmula, como todos sabemos. La pequeña Angie lloraba probablemente de hambre y de miedo. Por desgracia, Carla centró el problema en ella misma.

Por supuesto, este acontecimiento, por sí solo, no era la razón por la que Carla y Angie siguieran empantanadas en una posición de espalda contra espalda ocho años después. Sin embargo, estoy convencido de que la manera en que una madre maneja los conflictos que se presentan, incluso desde que su hija es recién nacida, puede sentar precedente de cómo manejará los problemas que vengan más adelante. En nuestra primera sesión se puso de manifiesto que las necesidades de Carla continuaban siendo su prioridad, algo de lo que ella no estaba consciente. A cada paso del crecimiento de Angie, la comparaba con otras niñas de su edad y, en la mente de Carla, Angie siempre se quedaba atrás. "Siempre creí que sería diferente", repetía sin cesar. Carla comentó que su hija no era una "niña muy femenina", pero aun así la madre insistía en que usara vestidos y llevara un pequeño bolso. Una vez más, todo esto tenía que ver con Carla y, en este caso, con su necesidad de tener a la niña estereotípica que había soñado siempre. Tras años de presiones de Carla sobre Angie, de intentar transformarla en una criatura diferente, Angie finalmente empezó a resistirse. Fue entonces cuando Carla vino a verme.

La relación de espalda contra espalda de Angie y Carla puede parecer extrema, pero sin duda resalta la importancia de la forma en que uno se comunica y, en especial, la posición que adopta. Todo esto influye y tiene consecuencias significativas. Vale la pena recalcar que la mayoría de las veces en que madres e hijas se encuentran en una posición de espalda contra espalda, es debido a que las necesidades de la madre se interponen entre las dos.

Sin importar qué edad tenga tu hija en este momento, es posible mover las sillas. Si tu hija es todavía bebé o una niña pequeña, es evidente que las sillas, sea cual sea la posición en que se encuentren, no han estado ahí mucho tiempo. Mover las sillas podría ser algo sencillo en este momento. Si tu hija es adolescente, su relación puede llegar a ser de confrontación debido simplemente a las hormonas. En ese caso, mover las sillas será definitivamente más que un reto, pero es posible. Si tu hija es ya adulta, quizá pienses que las sillas se fijaron con cemento en alguna de las posiciones. Si esa posición es lado a lado, no estés tan segura de que nada puede cambiar la posición de las sillas. Esto llega a suceder, por lo general, a causa de un cambio trascendental en la vida, por ejemplo, si tu hija se embaraza, divorcia, la despiden de su trabajo o está llegando a la menopausia. Si crees que las sillas con tu hija adulta están en una posición inamovible de espalda contra espalda, levanta el teléfono. Una simple llamada desde tu nueva perspectiva puede marcar una gran diferencia.

Me sorprende mucho cuando una madre atrapada en una posición de espalda contra espalda con su hija adulta me dice que ya no puede intentarlo más. Darse por vencido no es una opción, ¡jamás! Nunca son demasiados los intentos por acercarte a tu hija, sin importar su edad. No permitas que el miedo al rechazo o la humillación te impidan buscar una conexión con tu hija. Ella lo vale. Y lo más importante, en el fondo, madres e hijas siempre quieren lo mismo: amor, comprensión y respeto.

Si éste es tu primer intento de llamarla después de un estancamiento absoluto en la posición de espalda contra espalda, prueba lo siguiente para romper el hielo e iniciar la conversación:

- Te amo, ¿lo sabes, verdad?
- Es hora de que sigamos adelante.
- Necesitamos sanar las heridas.
- Ya no continuemos esto.
- Es tiempo de volver a reconectarnos.
- ¿Me perdonas? Yo te perdono a ti.

Asegúrate de que tus palabras (y sentimientos) reflejen el nosotros o el ella, en lugar del tú o yo.

Finalmente, quiero recordarte que es muy fácil que se presenten problemas entre tu hija y tú. Como conductora designada de la estrategia de las sillas, debes estar lista y preparada para sortear estos conflictos de modo que su comunicación siga siendo sana y eficaz, sin importar la posición en la que se encuentren sus sillas.

## Para entender la estrategia

Antes de que hablemos de cómo poner en práctica la estrategia de las sillas, recordemos algunos puntos básicos:

- La estrategia de las sillas no se usa para un asunto en particular que debas resolver; más bien, se creó para mejorar la forma en que tu hija y tú se comunican. Esta distinción es importante. Siempre habrá diferencias, y la estrategia de las sillas provee un marco para trabajarlas y resolverlas.
- Sin importar el camino que siga el conflicto, ya sea que ambas permanezcan en la posición cara a cara o que vuelvan a estar espalda contra espalda varias veces antes de lograr alcanzar la posición lado a lado, nunca se trata de ganar. La meta es reflexionar y hablar sobre el conflicto y salir del otro lado con el amor y respeto mutuos intactos. Así, las dos salen ganando con la estrategia de las sillas.

INTRODUCCIÓN A LA ESTRATEGIA DE LAS SILLAS

### Drama: Un conflicto descarrilado

Algunas veces una discusión entre madre e hija cobra vida propia y empieza a girar en torno de algo diferente al verdadero problema. Esto sucede cuando las emociones de madre e hija se desbordan y en lugar de utilizar esa intensidad para resolver el problema, ambas se dejan llevar por la emoción y vuelven a caer en patrones contraproducentes. En el ejemplo siguiente, en vez de discutir el asunto en cuestión (la nutrición), la madre y la hija comienzan a atacarse y se centran en la emoción.

Una niña de catorce años coloca una caja de cereal Froot Loops en la cesta a espaldas de la madre en el supermercado. Sin embargo, es demasiado tarde y la madre la sorprende en el acto.

*Madre: Oye, oye, devuelve eso a su lugar. Acordamos que ya no íbamos a comprar Froot Loops.*

*Hija: Anda, es la caja pequeña.*

*Madre: He dicho que no. Tiene demasiada azúcar.*

*Hija: Eres muy irracional.*

*Madre: No, cariño, soy juiciosa. Me preocupo por tu salud.*

La hija pone los ojos en blanco.

*Madre: ¿Estás segura que quieres hacerme esos gestos?*

*Hija: ¿Cuáles gestos?*

La hija vuelve a poner los ojos en blanco.

*Madre: ¡Ya basta! ¡Deja de hacer eso! ¡Es grosero y de mala educación!*

*Hija: ¿De qué hablas?*

*Madre: Eres una mocosa malcriada, ¿eh?*

*Hija: ¡Estás completamente fuera de control!*

Y así inicia…
Céntrate en el problema y no lo pierdas de vista.

- Colocarse en la posición cara a cara al inicio de cualquier interacción madre-hija, en particular en una que prevés que será complicada, es una medida prudente. Si lo haces de forma sistemática, tu hija se sentirá más segura de seguirte ahí. Con el paso del tiempo, ella comenzará a confiar en tu apertura y respeto y te corresponderá libremente.
- Ten por seguro que en algún momento se encontrarán en la posición de espalda contra espalda. Lo importante es cuánto tiempo se quedan ahí.
- Ayuda mucho ser flexible. En los momentos en los que se estanquen en la posición de espalda contra espalda, dependerá de ti hacer lo posible por salir de esa posición y avanzar a otra. No estoy diciendo que te dejes manipular o te muestres débil, sino que te hagas cargo de una mala posición de espalda contra espalda. Piénsalo de esta forma: Si tu hija y tú estuvieran literalmente hundidas en un enorme montículo de lodo, intentarías diversas maniobras para sacarla de ahí y no te rendirías hasta haberlo logrado.
- Las posiciones son contagiosas. Si te aproximas a tu hija en una posición de espalda contra espalda, corres el riesgo de que ella asuma esa misma posición. De igual manera, si te acercas a ella en una posición cara a cara, es probable que responda de la misma forma. Recuerda que ambas hablan el mismo lenguaje. Deja que esto te ayude.
- No hay pasos demasiado pequeños. Algunas veces los pasos pequeños son todo lo que se necesita para comenzar. Todo paso que las acerque a la posición cara a cara, o lado a lado, debe interpretarse como algo positivo, y quizá hasta provoque una sonrisa.
- La estrategia de las sillas es una inversión en tu futuro con tu hija. Cada vez que las dos hablen de los problemas y terminen en la posición lado a lado, se sentirán más seguras en la relación. Esto refuerza la confianza que se tienen para que la próxima ocasión en que surja un problema, puedan manejarlo. Estos "depósitos" de buena voluntad contribuyen a lograr una conexión más profunda y rica.

Ahora que comprendes cómo funciona la estrategia de las sillas, hablemos sobre cómo ponerla en práctica. El proceso consta de tres pasos:

1. Observar e identificar la posición de las sillas.
2. Mover o cambiar la posición de las sillas para analizar el conflicto.
3. Desplazarse entre las posiciones hasta llegar a una resolución.

Comenzarás por simplemente observar la forma en que tu hija y tú suelen comunicarse, de manera verbal y no verbal, durante tiempos de paz y de conflicto (paso uno). Luego trabajarás para cambiar la posición de las sillas (paso dos) al avanzar en el conflicto y finalmente arribar a una resolución satisfactoria (paso tres). Quiero señalar que parte del poder y la magia de la estrategia de las sillas es que requiere que las dos trabajen juntas en modos divertidos y novedosos.

A estas alturas, debes tener perfectamente claro que la forma en la que tu hija y tú se comunican es la clave para tener un lazo amoroso que las una. Por lo tanto, tu primer y más importante objetivo debe ser siempre asegurarte de que la comunicación sea la mejor posible. La estrategia de las sillas te enseñará a controlarte cuando se presenten situaciones cargadas de emoción, para que el lazo entre ustedes se mantenga intacto y continúen cultivándolo. Cuando utilices la estrategia habitualmente descubrirás que estas tormentas ocurrirán con menor frecuencia y, desde luego, tendrán menor intensidad.

# 5 Paso uno

## Observación e identificación de las posiciones de las sillas

A través de los años he visto a madres e hijas comunicarse de modos muy diferentes: con palabras elocuentes, abrazos cariñosos y cartas de amor sentimentales; con sarcasmo, bofetadas y cartas de odio amenazadoras. Algunas se ignoran, se rebelan o tienen una actitud pasivo-agresiva. Dentro de estos modos típicos, hay una gran variedad de altibajos. Lo que tienen en común todos ellos es la emoción. Las mujeres se comunican con el corazón más que con el cerebro. Por esta razón, la combinación madre-hija es tan fuerte, y tan volátil.

### Observa tu posición

Ya sea que los mensajes se transmitan con palabras o por medio de lenguaje corporal —en persona, por teléfono, vía correo electrónico, mensajes de texto o fax—, pueden ser claros e intencionales o confusos y no deliberados.

Sean cuales fueren estas variables, la comunicación tiene lugar cuando las dos se encuentran en alguna de las tres posiciones:

Espalda contra espalda
Cara a cara
Lado a lado

El primer paso de la estrategia de las sillas es aprender a observar e identificar las diferentes posiciones. Para ser claro, tendrás que identificar la posición en la que te encuentras y la posición en la que se encuentra tu hija. Estas posiciones pueden ser diferentes. Lo importante es recordar que tú, madre, eres la conductora designada en esta estrategia. Depende de ti mantenerte firme en la posición cara a cara y propiciar que tu hija haga lo mismo. Ahora que comprendes las tres posiciones básicas, la tarea te resultará sencilla.

### En persona

En especial si tu hija y tú viven bajo el mismo techo, se comunican constantemente. A continuación examinaremos de manera breve una situación que abarca un par de horas que podrían formar parte de un día típico juntas. Sólo tratamos algunas de las interacciones potenciales en las que debes decidir cuál será tu mensaje y desde qué posición lo transmitirás.

Es sábado. Tu hija de catorce años de edad y tú tienen planes para pasar el día juntas. Van en el automóvil camino de la primera escala: el banco. Tu hija busca en el radio la estación que le encanta. Entre una y otra estación, alcanzas a oír un acorde de la canción "People", de Barbra Streisand. Te fascina esa canción y no la has oído en años. Le pides a tu hija que sintonice esa estación, pero ella acaba de encontrar una canción de The All American Rejects, y se niega a cambiar la estación. ¿Cómo reaccionarías ante esta situación y desde qué posición?

Llegas al banco y estacionas el automóvil. Cuando se dirigen a la entrada, tu hija ve que una amiga suya se encuentra cerca de ahí. No soportas a esa niña, en parte porque tiene reputación de revoltosa y en parte porque sus padres no te invitaron a su fiesta anual de fin de año de la que todos hablan. Tu hija te pregunta si puede quedarse charlando con su amiga mientras tú vas al banco. Mejor aún, ¿puede invitar a la amiga a que las acompañe a comer? ¿Cómo responderías y desde qué posición?

Es la hora de la comida. Sólo están ustedes dos. Resulta que la amiga revoltosa tenía una clase de baile (¡qué suerte!). Aliviada, pero sin demostrarlo, le dices a tu hija que escoja un lugar para ir a comer. Ella sugiere un restaurante económico donde preparan esas papas a la francesa grasosas que te encantan. El problema es que has estado a dieta toda la semana y no estás segura de poder resistirte a esas papas. ¿Cómo responderías y desde qué posición?

En cada una de estas situaciones, la madre debe pensar con claridad, decidir cómo va a reaccionar y transmitir un mensaje eficaz; en pocas palabras, debe elegir una posición. Por ejemplo, en la última situación, la madre puede escoger una posición cara a cara, aceptar ir al restaurante de comida grasosa y pedir ayuda a la hija para resistir la tentación de las papas. De esta manera, la hija tiene la oportunidad de ir al lugar que eligió y la madre recibe ayuda de la hija para demostrar su fuerza de voluntad. Es una situación en la que las dos salen ganando. Simplemente con tomar en cuenta las necesidades mutuas logran llegar a una posición lado a lado.

Incluso si tu hija no vive bajo el mismo techo, si vive en la universidad o con su familia en otra ciudad, probablemente estás en contacto con ella por teléfono, mensajes de texto o correo electrónico. Esto puede hacer que te resulte más difícil determinar la posición en la que se encuentran las sillas.

## Llamadas telefónicas

El teléfono es el medio principal de comunicación de muchas madres e hijas. Puede ser una gran manera de relacionarse, pero es complicado identificar la posición de las sillas durante una conversación telefónica. Como es evidente, no puedes contar con las pistas que te dan la expresión facial y el lenguaje corporal. Aparte de las palabras que se utilizan o el contenido de la conversación, tendrás que depender del tono y el volumen de la voz. Una mala recepción de la señal, en particular con los teléfonos móviles, puede dificultar basarse en este criterio para establecer un juicio. Sin embargo, una cosa es segura. En el instante en el que oigas una falta de respeto de tu hija, ya sea en el lenguaje que utiliza o el tono de su voz, sabrás que te encuentras en una posición de espalda contra espalda. (Por supuesto, esto también ocurre si una le cuelga el teléfono a la otra.)

Hablar por teléfono permite una conversación más desinhibida debido a la distancia que las separa. Esa "seguridad" de la distancia puede beneficiar o dañar la comunicación. Es más fácil para algunas personas expresar sentimientos profundos y sinceros sin la presencia real de la otra persona. Por otro lado, puede ser muy sencillo aprovechar dicha seguridad para hablar con dureza y crueldad y dejar que los ánimos se exalten. Además, gracias a los audífonos y otras tecnologías, como los dispositivos para hablar con las manos libres, la libertad que da hablar por teléfono mientras se realizan otras actividades, como ir de compras, conducir y ejercitarse, puede provocar que fácilmente se olvide la disciplina o el centro de interés de la comunicación eficaz. Esto puede llevar la conversación a niveles de intensidad no deseados. Ten en cuenta esto cuando hables por teléfono con tu hija, y trata de controlar tus emociones durante una llamada potencialmente volátil con ella.

Para determinar en qué posición se encuentran tu hija y tú durante una llamada telefónica, toma en cuenta lo siguiente:

- ¿Ambas utilizan un lenguaje respetuoso o irrespetuoso?
- ¿Tu tono es sarcástico o agitado, o amoroso y sereno?
- ¿Estás escuchando o estás distraída?
- ¿Qué volumen utilizas? ¿Es bajo o alto?

## Mensajes de texto y correo electrónico

Aunque todos apreciamos las comodidades que nos brinda la tecnología, en general han perjudicado la forma en que nos comunicamos. Niños y adultos en todos lados se aferran a sus BlackBerries o iPhones y responden en tiempo récord en cuanto escuchan un zumbido, timbre o una melodía personalizada. Si contestan cuando están en compañía de otras personas, la atención puede desviarse de las personas presentes para centrarse en los pequeños dispositivos que no sueltan por nada del mundo. Sin embargo, la mayoría de estos mensajes, tanto los que salen como los que llegan, son cortos, carentes de emoción o, peor aún, inapropiados. Defraudan tanto al remitente como al destinatario del mensaje, ya que no cuentan con elementos humanos. No hay sonidos, expresión facial o vocal, ni contacto. Una carita feliz no transmite el mismo sentimiento que un abrazo afectuoso.

Otro inconveniente de este tipo de comunicación es la falta de tono. Las mismas palabras pueden tener significados diferentes dependiendo de cómo se expresen. "Tú sí que sabes cómo hacer feliz a la gente" puede ser un cumplido encantador o un insulto irónico dependiendo de la entonación. Los mensajes de texto y los correos electrónicos eliminan este contexto y lo único que te queda es tu propio estado de ánimo y adivinar lo que la otra persona quiso decir en realidad.

> ### Ejercicio: Mensajes involuntarios
>
> Los mensajes involuntarios son el resultado de la mala comunicación. Pueden transmitirse con palabras o por medio de lenguaje corporal. La versión verbal se hace patente con sarcasmo o comentarios pasivo-agresivos. Por ejemplo, la hija baja las escaleras con pantalones delgados de algodón cuando está nevando. La madre pregunta: "¿Vas a salir así, con *esos* pantalones?". En lugar de esto, la madre podría decir: "Esos pantalones se te ven muy bien, pero hoy hace mucho frío afuera. Tal vez deberías ponerte algo más caliente". (Por cierto, esto funciona aunque de veras odies esos pantalones.) La versión no verbal (el lenguaje corporal) es muchas veces inconsciente y se expresa mediante movimientos como cruzarse de brazos o fruncir el ceño. Sin importar cómo se transmitan los mensajes, el resultado es que estos mensajes sutiles pueden provocar que tanto la madre como la hija se coloquen en una posición de espalda contra espalda.
>
> Los niños pequeños, en particular, piensan literalmente, no comprenden las sutilezas del sarcasmo y, sin duda alguna, no captarán el chiste y mucho menos pensarán que es gracioso. Sin importar la edad del destinatario, a corto plazo los mensajes involuntarios son confusos y se prestan a malas interpretaciones, lo que ocasiona que tu hija reaccione de formas inesperadas o inapropiadas que provocan, a su vez, que reacciones con severidad. Huelga decir que, con el tiempo, este tipo de intercambios frustrantes tendrá efectos negativos en la relación con tu hija.
>
> La autoestima de tu hija tiene sus orígenes en lo que tú piensas de ella y en cómo reaccionas ante ella. Trátala con amor y ella interiorizará esos sentimientos. Trátala con falta de respeto y comenzará a cuestionar su autoestima, lo que a la larga las llevará a una posición de espalda contra espalda.

Aunque los mensajes de texto y correos electrónicos son ideales para el intercambio de información cuando no estás con esa persona, creo que incluso cuando tienen la intención de crear cercanía, no facilitan una verdadera conexión. Si ésta es la forma habitual en la que te comunicas con tu hija, debes saber que así resultará más difícil identificar sus respectivas posiciones de las sillas.

## Identificación de tu posición

Tómate un tiempo para observar e identificar las posiciones de las sillas. Los siguientes ejercicios te ayudarán a comenzar.

## EJERCICIO: Lleva un registro

En el transcurso de los próximos dos días, cada vez que tu hija y tú interactúen, sin importar la brevedad, anota:

- La posición básica en la que comenzaste a interactuar.
- La posición básica en la que tu hija comenzó a interactuar.
- La posición básica en la que la interacción terminó.
- Las emociones que sintieron las dos durante y después de la interacción.

Si tu hija y tú viven bajo el mismo techo e interactúan todo el día, todos los días, registra las interacciones a intervalos más largos o más generales. Por ejemplo: el desayuno, la media mañana, la hora de la comida, la tarde, la cena, por la noche o la hora de acostarse.

Después de cada interacción con tu hija, también anota:

- Detalles fundamentales sobre tu comunicación —y la de tu hija— verbal y no verbal (por ejemplo, contacto visual, lenguaje corporal y tono de voz).

### Evaluación

Examina tus notas del ejercicio anterior y pregúntate lo siguiente:

¿Hay alguna posición en la que casi siempre inicio la interacción?

¿Hay alguna posición en la que mi hija inicie casi siempre la interacción?

¿Hay algún tipo de patrón a lo largo del día (por ejemplo, conflictos que ocurren por la mañana con las prisas de prepararse para salir al trabajo o la escuela)?

¿Hay algún tema recurrente?

Si tuviera que caracterizar mi relación con mi hija en términos de las tres posiciones de las sillas, ¿cuál sería?

¿He tenido episodios de comunicación con posicionamientos graves de espalda contra espalda? Si es así, ¿se resolvieron de algún modo?

¿He tenido periodos de comunicación sin percances, lado a lado?

Llegado este momento, espero que hayas adquirido el hábito de observar cómo colocan las sillas tu hija y tú. ¡Felicidades! No siempre es sencillo retroceder y analizar con objetividad una situación, en especial si te sientes agredida por tu amada niña. Armada con el conocimiento acerca del posicionamiento de las sillas, es hora de que avancemos al siguiente paso: reposicionar las sillas como sea necesario para analizar y resolver los conflictos.

# 6 Paso dos

## Cambio de posiciones de las sillas para avanzar en la solución del conflicto

La estrategia de las sillas se ha vuelto la pieza central de mi tratamiento para madres e hijas tanto en mi trabajo para el gobierno como en el ejercicio privado de mi profesión. Con el paso de los años, ha evolucionado del concepto visual inicial de las dos sillas hasta convertirse en un plan completo y eficaz que utilizo ahora para guiar a todas las madres e hijas bajo mi cuidado hacia una conexión más amorosa y sana.

Existen muchas formas en las que puedes utilizar la estrategia de las sillas. Tu hija y tú pueden adoptar juntas la estrategia de las sillas. Si tienes ya una relación con tu hija en la que la comunicación es, por lo general, abierta y sencilla, compartir esta técnica con ella puede ser muy eficaz y disfrutable. Juntas pueden experimentar y ver de qué forma les funciona mejor.

Otra forma es que aprendas acerca de la estrategia de las sillas por tu cuenta. En algún momento podrás presentar los conceptos a tu hija, como cuando surge un conflicto y su participación en los ejercicios es necesaria. Si decides hacerlo de esta manera, es conveniente que hables sobre la estrategia de las sillas antes de que se presente un conflicto mayor para cerciorarte de contar con su atención respetuosa. Una vez que ella aprenda la técnica, es posible que la acepte sin reparo. Por otro lado, puede que no sea así. Si esto ocurre, no presiones, sino que utiliza la técnica en tu lado de la comunicación. Nunca uses la estrategia de las sillas como un arma de manipulación con tu hija. Con una niña menor de diez o doce años, dependiendo de la niña, puedes usar literalmente dos sillas para explicarle la estrategia de las sillas. Es más eficaz esta manera, ya que ella podrá observar y entender los conceptos. Esto también funciona con niñas mayores y adultos que aprendan visualmente.

Sin importar cuándo decidas hablar con tu hija sobre la estrategia, espero que estés abierta a todas las sugerencias que se plantean en este libro. Así, por ejemplo, una vez que comprendas las técnicas de los movimientos, inténtalas todas. Observa qué funciona mejor para las dos. Aunque los conceptos, ejercicios y aplicaciones en la vida real que aquí se presentan no son difíciles de entender, quizá se requiera que salgas de tu zona de confort emocional. El trabajo inicial que has realizado será, sin duda, un gran apoyo en este aspecto.

Si alguna vez has iniciado un régimen de ejercicio, sabrás que, al menos al principio, parece que, aunque trabajas muy duro, no ves los cambios físicos que esperabas. Todas esas clases de Pilates, abdominales y kilómetros de caminata, ¡y todavía no cabes en tus jeans ceñidos! Puede ser frustrante y muy decepcionante, y llevarte directo al refrigerador a devorar medio litro de tu helado favorito. No quiero que éste sea tu camino, ¡excepto tal vez por la parte del helado! No existe razón por la que la estrategia de las sillas no te sirva. Aunque no veas los resultados de la noche a la mañana, los tendrás.

¿Cómo se mide el éxito al principio? Por los cambios pequeños y simples en las interacciones que tienes con tu hija, como algunas sonrisas de más dirigidas a ti, una carcajada inesperada entre ustedes a la hora de la cena, o una conversación imprevista sobre el nuevo novio de tu hija. Estas aparentes trivialidades, sutiles pero incontenibles, se van sumando. Con el tiempo, verás que tu dedicación ha fortalecido, e incluso ha cambiado la forma en la que tu hija y tú se comunican. Persevera.

En este punto, ya debes tener una buena idea de cómo tu hija y tú se comunican normalmente, usando las posiciones básicas de la estrategia de las sillas como guía. Si tuvieron algún conflicto en los últimos días, ¿te diste cuenta de la posición que cada una de ustedes asumió de forma natural? Esta conciencia es algo que debes intentar mantener, en particular cuando intuyas que está por surgir un conflicto. Permíteme darte un ejemplo:

Lisa y su hija de diecisiete años, Molly, fueron a verme después de que Molly regresó con un tatuaje en el tobillo tras quedarse a dormir en la casa de una amiga. Molly y sus amigas decidieron que sería buena idea que todas se pusieran tatuajes. Molly sabía que su madre no estaría de acuerdo, así que hizo todo lo posible por esconder el tatuaje. Casi una semana después, Lisa lo vio y se puso furiosa. Se enojó tanto que abofeteó a Molly, la castigó y le prohibió que les hablara a sus amigas hasta nuevo aviso. Molly le rogó a su madre que la perdonara y al final logró persuadirla de que buscaran ayuda profesional.

Sobra decir que cuando vinieron a verme por primera ocasión, estaban firmemente posicionadas espalda contra espalda. A medida que se reveló la historia, me enteré de que Lisa había oído a Molly y a sus amigas hablar de ponerse un tatuaje unas semanas antes de que pasaran juntas esa noche. En aquel momento, Lisa dejó muy en claro que ponerse un tatuaje era absolutamente inaceptable. Cuando Molly preguntó por qué, Lisa respondió simplemente: "Dije que no, Molly. ¡Ya basta!".

Cuando Lisa oyó por casualidad la conversación inicial de las chicas sobre los tatuajes, la recibió con una negativa tajante. Estaba decidida. Y lo que es peor, no dejó lugar a discusión. No es que Molly hubiera estado molestando insistentemente a su madre con el asunto. Lisa tomó una posición inamovible de espalda contra espalda. No hubo ningún intento por parte de la madre de escuchar o iniciar un intercambio de opiniones. No se me ocurre ninguna situación que una hija pueda presentar a su madre, salvo en caso de peligro inminente, que justifique este tipo de reacción inicial tan rotunda. La actitud de la madre acicateó el deseo de Molly por el tatuaje y su decisión final de obtenerlo; no obstante, por temor a despertar la ira de su madre, optó por esconderlo. De todos modos, la necesidad de Lisa (que Molly no se mandara hacer un tatuaje en ninguna circunstancia) nubló la manera en la que abordó el asunto. Su relación sufrió las consecuencias.

Imaginemos que retrocedemos en el tiempo y dejamos que la situación se desarrolle ahora de una forma diferente. Después de que Lisa oyó a Molly y a sus amigas hablar sobre tatuajes, pudo haber asumido una posición cara a cara. Pudieron haber sostenido una conversación al respecto, por más acalorada que fuera, pero en la que ambas habrían podido expresar sus sentimientos de forma segura y el encuentro habría tenido un resultado positivo. Con base en la fuerte oposición de la madre a los tatuajes, es dudoso que incluso en una posición cara a cara hubiera podido disuadir a Molly, y lo más probable es que se empeñara en tener un tatuaje de todas formas. Sin embargo, una comunicación franca, abierta y respetuosa sobre el tema habría creado una conexión más sana basada en el entendimiento. Juntas podrían haberse mostrado tolerantes, aunque no estuvieran de acuerdo, y proponer una solución con la que ambas se sintieran cómodas y el resultado habría sido una posición respetuosa lado a lado. Por ejemplo, podrían haber decidido reconsiderar el tema dentro de seis meses, cuando Molly hubiera cumplido dieciocho años, o acordar que Molly se pusiera un tatuaje de henna como prueba.

Dependiendo de los motivos por los que tu hija y tú entran en conflicto, mover las sillas puede ser relativamente sencillo o más complicado. Uno de los factores más importantes para determinar la dificultad de salir de una posición tiene que ver con problemas concretos del pasado que te trae a la memoria. Para algunas personas, la causa de una pelea en la posición de espalda contra espalda es una tarea escolar (tal vez la abuela dominaba así a la madre). Para otras, puede ser que la hija se droga en la escuela (tal vez arrestaron a la madre alguna vez y pasó una noche en la cárcel). Si una madre no realiza su trabajo inicial, es fácil entender por qué los mismos problemas en los que le falta claridad, o que no ha afrontado en su propia vida, pueden enloquecerla cuando se trata de la vida de su hija. Idealmente, si has resuelto todas tus necesidades insatisfechas y has solventado tus problemas personales, te será fácil hablar de todos los temas.

En cualquiera de estas circunstancias, es comprensible que la reacción de una madre esté cargada de emociones. Por lo tanto, controla tu temperamento. Sé consciente de lo que transmites, tanto de forma verbal como no verbal. Debes conservar la calma para que tu hija pueda abrirse contigo y las dos se comuniquen con eficacia. Además, es imperativo que escuches respetuosamente y en silencio mientras ella habla, por lo menos al principio. De lo contrario, lo único que lograrás es que se cierre desde el principio. ¿Es un reto? Sí, pero será menor ahora que tienes en claro tu postura en muchos de estos temas.

De forma ideal, tú inicias las conversaciones en una posición cara a cara y tu hija seguirá tu ejemplo. En términos realistas, te encontrarás en la posición de espalda contra espalda en muchas situaciones hasta que adquieras más pericia con la estrategia. Pero ¿qué pasa si inicias una conversación cara a cara y tu hija no sigue tu ejemplo? Esto es de lo que trata aprender a moverse de posición.

## Aprender a moverse de posición

El camino ideal durante un conflicto debería ser:

> Espalda contra espalda → Cara a cara → Lado a lado

Imaginemos por un momento que tu hija de once años llega tarde a casa de la escuela y que su ropa huele a cigarrillo. Cuando le preguntas por qué, se pone pálida y te dice que no tiene idea. Entonces hueles su aliento y te queda claro que en definitiva ha estado fumando. Tu instinto es gritarle y mandarla a su habitación.

Las dos están en la posición de espalda contra espalda.

La mandas a su habitación hasta nuevo aviso. Pero sabes que ésta es una oportunidad ideal para mover las sillas. De alguna manera debes hacer la transición de espalda contra espalda a cara a cara para que puedas hablar con ella y decirle qué es lo que tanto te molesta. ¿Cuál sería tu siguiente paso?

## El movimiento inicial: Desconéctate y observa la situación

La idea del primer movimiento es restar emoción al momento, o por lo menos, reducir el volumen. Ese debe ser el único objetivo por ahora. Quiero que simplemente te desconectes de la emoción del momento para que puedas observar la situación y adoptar una posición más neutral. (Si tu hija es pequeña, considera que este paso es como un tiempo fuera.) De un modo u otro, tu primer movimiento es dar un paso atrás para ganar espacio a fin de que tu hija y tú se tranquilicen. Este lapso puede durar unos momentos o unas semanas. En realidad depende de las dos y de lo sucedido. Desconectarte te servirá para replantear las cosas y aclarar la mente. Durante este tiempo de reflexión, debes hacerte las siguientes preguntas:

¿Realmente quiero sostener esta conversación potencialmente difícil con mi hija?

¿Cuáles son mis motivaciones para entrar en la discusión?

¿Cuál es el resultado ideal que deseo obtener?

¿Cómo logro que la discusión se base más en la fortaleza?

### Formas de desconectarse

Dependiendo de la edad de tu hija y las personalidades particulares de ambas, existen diferentes formas de desconectarse. A continuación presento diversas técnicas que me parecen muy eficaces. Todas son lo que yo llamo "movimientos verbales", ya que requieren comunicación verbal:

1. ¡Alto! ¡Mira nuestras sillas!

A lo largo de mi experiencia profesional, y debido a que la madre y la hija están literalmente sentadas en dos sillas en mi consultorio, puedo pedirles que observen la posición de sus sillas. Una vez que las dos conocen las posiciones básicas, es sencillo para mí tranquilizarlas y reorientar la conversación de un modo más sano y productivo. Esta también es una manera eficaz de guiarlas hacia una nueva posición. Cuando nos tomamos un momento para evaluar sus posiciones ahí mismo, la madre y la hija experimentan algo casi surrealista e incluso maravilloso. Cuando me oyen decir: "¡Alto! ¡Miren sus sillas!", una o las dos siguientes situaciones ocurren:

- Una madre y su hija que están en medio de una batalla se ven obligadas de pronto a volverse observadoras, en lugar de participantes en la dinámica en curso. Esto por lo general provoca risas o lágrimas. Ambas cosas son buenas. Cuando una madre y su hija se detienen un momento durante una discusión acalorada para reír o llorar, es señal de que avanzamos en la dirección correcta.
- La madre y la hija saben que algo inapropiado e irrespetuoso está ocurriendo. Hay un instante de reconocimiento y aceptación de que alguien no está jugando bajo las reglas establecidas. (Y con madres e hijas en terapia, estas reglas se establecen desde el inicio. Lo analizaremos en el siguiente capítulo.)

Esta técnica ha funcionado en el ejercicio de mi profesión con niñas muy pequeñas, hasta de cinco años de edad. Puedes intentarla con tu hija, aunque requiere que ella tenga un entendimiento básico de la estrategia de las sillas.

2. Deja de hablar por completo.

Literalmente, deja de hablar. Guarda silencio. Si tu hija y tú se encuentran en la posición de espalda contra espalda, la cantidad de tiempo necesaria para que este lapso de silencio sea eficaz es aproximadamente una tercera parte del tiempo que han estado discutiendo en total. Así, por ejemplo, si tu hija y tú hablaron quince minutos y luego la discusión comenzó a ponerse violenta, el lapso en silencio debe durar cerca de cinco minutos.

3. Lanza los dados.

El juego de los dados es especialmente útil para niñas muy pequeñas y para berrinches. En lugar de responder al berrinche en una forma negativa, dile a tu hija: "Vamos a tomarnos un tiempo fuera para jugar un juego". La mayoría de las niñas recibirán bien esta distracción, en particular si no están obteniendo lo que quieren, por ejemplo, acostarse tarde o ver otro programa de televisión.

Así funciona: Asigna alguna actividad divertida a cada número del dado. Lanza el dado y lo que sea que salga en el dado es la actividad que deberás realizar. A continuación presento un ejemplo de lo que se les ocurrió a una madre y a su hija de siete años:

Sale un 1: La hija debe besar a la madre.

Sale un 2: La madre debe besar a la hija.

Sale un 3: La hija describe su actividad favorita con la madre.

Sale un 4: La madre describe su actividad favorita con la hija.

Sale un 5: La madre le dice a la hija algo que le encanta de ella.

Sale un 6: La hija le dice a la madre algo que le encanta de ella.

Si tu hija es mayor, sigue dependiendo de ti aliviar la tensión; por ejemplo, propón: "Vamos a tomarnos cinco minutos para jugar un juego". A una madre y su hija adulta se les ocurrió la siguiente lista:

Sale un 1: La hija abraza a la madre.

Sale un 2: La madre abraza a la hija.

Sale un 3: La hija le dice a la madre algo que le hubiera gustado que hiciera de modo diferente en un conflicto pasado.

Sale un 4: La madre le da a la hija un ejemplo de cuándo le habría gustado haber manejado las cosas de forma diferente en un conflicto pasado.

Sale un 5: Cada una cuenta un chiste.

Sale un 6: Organizan una salida a cenar sólo ellas dos.

Como verás, es muy sencillo. Una variante del juego es usar dos dados y te dará la oportunidad de asignar más actividades. Podrías incluso idear una actividad especial cuando sale un número doble. El juego en sí es divertido y establecer las reglas será una actividad placentera para ambas. El momento ideal para pensar en las actividades es cuando no estén en conflicto. Puede ser una experiencia maravillosa que las unirá. Tengo pacientes (hijas mayores y sus madres) que todavía practican alguna variante de este juego.

Si tu hija conoce la estrategia de las sillas, conocerá el objetivo del juego y, con un poco de suerte, se mostrará dispuesta a jugarlo. Si se resiste, sugiero que intentes persuadirla de que

### El humor: La cuerda de salvamento de la risa

Un momento compartido de conexión basado en el humor es algo que espontáneamente puede reorientar casi cualquier comunicación. Lo he visto vez tras vez en las sesiones de terapia con madres e hijas. Este tipo de conexión a través del humor ocurre, por lo general, de una o dos formas. Primero, cuando una madre y su hija, por un momento, tal vez una fracción de segundo, se dan cuenta de lo ridículo de la discusión o la situación. Esto ocurre a veces durante la fase de desconexión, y son capaces de reírse de sí mismas. Segundo, una de ellas dice algo que evoca un recuerdo compartido gracioso, como cuando una hija despotrica acerca de que su madre no le permite salir a comer con sus amigos, y le recuerda a la madre de la vez que se le cayó el espagueti en las piernas.

A veces, la cuerda de salvamento de la risa es fugaz y apenas sirve para quitar un poco de tensión de la discusión. Otras veces, el humor permanece y ambas avanzan a una mejor posición.

participe en la actividad con el mayor cariño posible. Hazle saber cuánto te importa tu relación con ella y que analizar el conflicto es importante para ambas.

Antes de que comiences a utilizar alguna de estas técnicas, es necesario que reconozcas que la comunicación entre tu hija y tú no fluye como debería. Por lo menos al inicio, la madre debe ser la que proponga la desconexión. Si han hablado de algunas de las técnicas durante un momento de paz, será mucho más sencillo desconectarse a la mitad de un conflicto. Prueba a decir: "Es momento de desconectarse" o "¡Mira nuestras sillas!".

*Observa el panorama*

Después de lograr bajar el tono de la discusión, es momento de analizar la situación. Considera:

- La posición de tu silla.
- La posición de la silla de tu hija.
- Si sus sillas se encuentran en una posición de espalda contra espalda, debes cambiar a cara a cara.

Ahora que han tenido ambas un respiro, es hora de empezar a trabajar juntas para mover esas sillas. La madre necesitará hacer el primer movimiento con su silla. Trata de que las dos queden cara a cara; para ello, literalmente tiende la mano a tu hija (dale un abrazo o haz algún otro ademán) e imita ese cambio de posición al nivel emocional. Por ejemplo, la madre a la que no le gustaban los tatuajes pudo haber dicho: "Molly, quisiera que tratáramos de nuevo el asunto del tatuaje. Necesitamos conectarnos mejor y hablar al respecto de otro modo".

## Para restablecer la comunicación: Las reglas de conversación

Ahora que has aliviado la tensión de la posición de espalda contra espalda y que has tenido oportunidad de hacer una evaluación, es tiempo de que restablezcas la comunicación. Hay cuatro reglas que deben establecerse y respetarse en este momento:

> ## Para conectar la mente con el corazón: Encuentra el equilibrio justo
>
> Conectar la mente y el corazón, una idea que expliqué en la primera parte, ayuda a mantenerte presente y en el momento con tu hija. Sin embargo, hay otro componente en esta conexión, y éste es el *equilibrio*. En otras palabras, ¿cuánto de tu respuesta viene del corazón y las emociones, y cuánto viene de la mente y la razón? El equilibrio de la conexión entre mente y corazón revela la forma en que te comunicas y, por lo tanto, la posición natural que adoptas con tu hija. Esto, a su vez, afecta la forma en la que ella te percibe. Esta conexión se volverá más sencilla cuando aprendas a desconectarte y a observar el panorama.
>
> Por ejemplo: Es temprano por la noche en la víspera del examen final de historia de tu hija. Ella ha estudiado toda la tarde, lo cual es bueno, considerando que apenas va pasando la materia. Entra en la cocina a pedirte un favor. Sabes que el grupo Green Day va a dar un concierto esa noche y muchos de sus amigos irán. Prevés que el favor que te va a pedir es que la dejes ir al concierto. La sangre te hierve incluso antes de que comience a hablar. Tu mente y tu corazón están conectados, pero no hay equilibrio, ya que en tu respuesta hay 80 por ciento de corazón y 20 por ciento de mente: "¡No te atrevas a pedirme permiso para ir al concierto de Green Day!". (Una posición de espalda contra espalda.)
>
> Supón que te desconectaste y observaste el panorama. Entonces, el equilibrio sería más 50 por ciento de corazón y 50 por ciento de mente, por lo que responderías: "Claro, cariño. ¿De qué se trata el favor?". (Una posición cara a cara.)
>
> El punto es: Trata de ser consciente del equilibrio entre mente y corazón antes de comunicarte con tu hija, en especial cuando se trata de asuntos espinosos.

> ## La señal establecida para hablar
>
> Cuando menciono la regla de establecer una señal para hablar, invariablemente la madre o la hija (aunque por lo general la hija) pregunta: "Doctor Sophy, ¿está bien si mi señal es con el dedo medio?". La respuesta de la otra persona a esta pregunta me dice mucho. Si tanto a la madre como a la hija les parece gracioso y se dan tiempo para reír, es una buena indicación de que las dos comprenden y llegarán a una posición más firme más temprano que tarde. Cuando la otra persona se ve molesta o reacciona sin expresión alguna, sé que el trabajo me viene como anillo al dedo.
>
> La respuesta correcta a la pregunta, por supuesto, es: "No, las señas obscenas son irrespetuosas". Luego me dedico a ayudarlas a entender las razones por las cuales quieren utilizar esta señal.

1. Escucharse mutuamente con respeto.
2. No hablar cuando la otra persona lo hace.
3. Dejar que la otra persona termine de hablar, incluso si no estás de acuerdo.
4. Establecer una señal (un guiño, un movimiento de la mano) que permita saber a la otra persona que te gustaría tomar la palabra.

Si en algún momento durante el tiempo destinado a hablar la discusión llega a ser acalorada, debes restablecer las reglas.

Una vez que las reglas han quedado establecidas, es hora de que tu hija y tú decidan dónde hablar.

## El lugar, el lugar, el lugar

Los alrededores, la atmósfera y el sitio donde tu hija y tú decidan resolver un conflicto cuando se encuentran en la posición de espalda contra espalda son importantes. Algunas veces no hay más remedio y estas discusiones tienen que sostenerse ahí mismo, a veces en lugares sumamente públicos: el centro comercial, el supermercado, un restaurante o la escuela de tu hija.

Si tu hija y tú pueden darse el lujo del tiempo, es sumamente benéfico escoger un lugar adecuado. La conversación sobre dónde llevar a cabo la discusión puede ser divertida y muy eficaz para comenzar a mover tu posición. El truco está en aceptar la conversación. No discutan por el dónde; concéntrense, en cambio, en la idea agradable de que están eligiendo un lugar para conversar. Te sorprenderá cómo esta conversación en sí ofrece alivio a ambas.

A continuación presento algunas sugerencias para encontrar el lugar perfecto para conversar:

- Busquen un lugar en el que ambas se sientan cómodas, tanto en lo emocional como en lo físico, un lugar que ambas respeten. Puede ser su casa, en la habitación favorita, en la iglesia o en la cafetería Starbucks más próxima. Sin embargo, donde sea que decidan hablar, debe ser un lugar donde sólo estén ustedes dos presentes; eso significa que ningún otro miembro de la familia o amigo debe estar cerca. Por esta razón, si eligen un lugar público, trata de que sea alguno que no frecuenten amigos o parientes, ya que esto sólo las distraerá.
- Sé consciente de la intensidad del asunto que van a tratar, y si sabes que una de ustedes tiene sentimientos muy fuertes al respecto, escojan un lugar más cómodo para esa persona. Además, intenten alternar. La adaptación es la clave.
- Escojan un lugar fuera de la casa, e incluso una actividad que puedan realizar mientras conversan. Sostener una charla mientras realizan una actividad física (un paseo en bicicleta, una caminata) puede aminorar los sentimientos agresivos. La actividad también sirve como una distracción positiva.

## Los hijos quieren que tú hables

En una visita al programa de televisión Today, hablé sobre el consumo de alcohol y el sexo entre los adolescentes y cómo guiar mejor a los chicos en estos asuntos cruciales. Parte del segmento era una entrevista pregrabada por Meredith Viera con un grupo de adolescentes de ambos sexos. Lo que me impresionó no fue el hecho de que estos adolescentes estuvieran rodeados o incluso experimentaran con el alcohol y el sexo; más bien, fue que en algún momento durante la entrevista todos los adolescentes mencionaron que deseaban hablar con sus padres sobre estos temas, pero no sabían cómo hacerlo. Se sentían rechazados por sus padres o incapaces de hablar con libertad. Aún peor, hablaron de padres que les daban la espalda por completo.

La lección aquí es: Tu hija desea con desesperación que la recibas en una posición cara a cara. No rehúyas estos temas. Cuanto más segura se sienta tu hija ahora emocionalmente, tanto más segura se sentirá después cuando quiera acercarse a ti para hablar de sus preocupaciones. Esto, a su vez, disminuye la frecuencia de sus posiciones de espalda contra espalda. Aunque a veces no lo parezca, ella desea hablar de estos temas, y no tienes nada que perder si los pones sobre la mesa.

Si te sientes cómoda con la idea, quizá sea conveniente que compartas también tu historia personal. Es una manera importante de que ambas se conecten. En general, la idea de que alguna vez tuviste su edad y experimentaste mucho de lo que ahora ella enfrenta, es un alivio para ella. Tienes mucho que ofrecer por medio de tu propio pasado.

Las verdaderas preguntas son: ¿Cuánto debes compartir? ¿Cuándo? Tú conoces a tu hija mejor que nadie. Tú eres la experta. No hay reglas establecidas, pero existen algunas pautas generales que debes tomar en consideración.

- Comienza temprano. Cuanto más pronto comiences a compartir tu historia personal con tu hija (en una forma adecuada para su edad, por supuesto), tanto mejor será. Esto le ayudará a formarse una idea más completa de ti con el tiempo.
- No la sermonees. El objetivo de compartir tu historia no debe ser enseñarle una lección que empiece con: "¡Cuando yo tenía tu edad, no tenía permitido salir, así que tú tampoco!". En lugar de esto, el punto es contarle cómo fue para ti ese momento: "Recuerdo cómo me enojaba cuando mi madre no me dejaba salir".

Cuando le cuentes a tu hija de tu pasado (sin ser pedante y sin juzgar), tendrás una mejor oportunidad de ganarte el lugar codiciado con ella, es decir, el lugar donde tu experiencia real con un tema en específico realmente le importará. Ella pensará (y con suerte te preguntará) lo que tú, esa persona de la que ha oído hablar todos estos años, podrías haber hecho en la circunstancia en la que ella se encuentra en la actualidad. Ahora es el momento de compartir tus historias personales, y tal vez salpicarlas con algunos detalles jugosos. Sin embargo, no debes olvidar que tu hija no es tu amiga y que debes ser respetuosa y consciente de su edad.

## El reto verbal

Sabemos que la comunicación es el componente clave que marca la diferencia entre una conexión amorosa y sana y una de confrontación. La comunicación verbal deficiente o confusa puede llevarte a una posición de espalda contra espalda, y dejarte ahí. Incluso algunas palabras sutiles pueden desencadenar una discusión entre tu hija y tú. Sin embargo, es la comunicación verbal, la misma que te puso en ese aprieto, la que te ayudará a salir de él. La comunicación verbal clara es el camino para salir adelante y mantener una posición saludable. La buena noticia es que tu hija y tú hablan el mismo idioma (¿recuerdas la verdad 2?), así que podrás superar el reto.

### Nunca digas *siempre*; nunca digas *nunca*

Algunas madres con las que he trabajado les cuesta mucho abandonar el *siempre* y el *nunca* cuando se comunican con sus hijas. A continuación se muestra su razonamiento:

- "Tengo derecho a usar estas palabras. Yo soy la madre."
- "Pero si estas palabras son naturales, ¿qué tienen de malo?" Y mi favorita:
- ¿Por qué yo (la madre) *siempre* tengo que ser la que cede y *nunca* mi hija?

Algunas veces debes iniciar las acciones más difíciles que modificarán la posición de las sillas. Mucho depende de ti y de tu habilidad para colaborar con tu hija. Si empiezas desde que tu hija es pequeña y pones en práctica la estrategia de las sillas, no hay duda de que tendrás una mejor relación en el futuro. Es sorprendente para muchas madres darse cuenta de lo eficaz que puede ser eliminar estas dos palabras de su vocabulario.

Hay dos sencillas palabras que invariablemente te llevarán a una posición de espalda contra espalda: nunca y siempre. Debido a que estas palabras son absolutos, no permiten ninguna flexibilidad, que es algo que debes tener para mantener una comunicación eficaz. Estas dos palabras no son tus amigas durante el conflicto y, para empezar, suelen ser la razón por la que empezó el conflicto. Trata de evitarlas en la medida de lo posible.

| En lugar de: | Intenta: |
|---|---|
| Nunca limpias lo que ensucias. | ¿Recuerdas la semana pasada cuando limpiaste tu habitación e hiciste un gran trabajo? ¿Podrías hacerlo de nuevo? |
| Nunca tomas nada en serio. | Hay cosas en la vida que son tu responsabilidad. |
| Siempre actúas como si fueras un bebé/una niña. | Hay veces en la vida en que puedes hacer payasadas, pero… |
| Siempre soy yo la que tiene que ceder. | Bueno, eso no me parece justo. ¿Cómo cambiamos eso? |

## Maniobras no verbales

Hay algunas desavenencias que hacen imposible para una madre y su hija comunicarse verbalmente. Algunas veces esto es por el tema en cuestión, que es muy delicado o vergonzoso. Otras veces se debe simplemente a que expresarse en forma verbal no es tu mejor aptitud o la de tu hija. Si crees que hablar no funciona, es tiempo de intentar el paso por escrito del diario guiado.

El diario guiado puede ser muy importante y eficaz para alejarlas de la difícil posición de espalda contra espalda. A algunas personas les brinda seguridad. Así es como funciona:

1. Tu hija y tú escriben por su propia cuenta, ya sea sobre un tema en particular que sea delicado entre ustedes o sobre el estado que guarda su relación en general.

2. En un momento designado se alternan para leer en voz alta lo que escribieron en el diario siguiendo las reglas de conversación que establecimos con anterioridad.

El diario guiado funciona por varias razones. Primero que nada, permite que ambas participantes expresen sus sentimientos en el momento (en papel), y que los lean cuando estén más calmadas y menos enojadas. Así, las dos pueden procesar la experiencia de forma diferente a cuando ésta tuvo lugar. Segundo, la lectora experimenta el acontecimiento sin las emociones que suscitó, y la persona que escucha lo hace cuando se siente menos a la defensiva. Tercero, debido al tiempo de preparación, ambas participantes tienen la posibilidad de asegurarse de haber cubierto todos los puntos e ideas que deseaban expresar. Cuarto, debido a que las participantes están literalmente fuera del momento de la discusión cuando escuchan las opiniones de la otra persona, hay una sensación de seguridad emocional. Por estas razones, es más fácil que se den cuenta de la parte que desempeñaron en el conflicto cuando escuchan la perspectiva de la otra. Por último, brinda la oportunidad de que se imponga una muy necesaria ligereza. Algunas veces, cuando madres e hijas oyen sus propias palabras o recuento de la situación, se dan cuenta de lo ridículas que parecen. Éste es otro caso en el que el humor puede reorientar tu posición.

Aunque al leer el diario se pueden encender de nuevo los ánimos, las circunstancias son ahora diferentes y menos tensas. Existe seguridad en saber que cada quien tendrá oportunidad de decir lo que quiere. Recuerda que deben elegir un lugar que sea cómodo para ambas.

Si tu hija se muestra renuente a usar el diario o durante el proceso en general, continúa alentándola. Con base en tu experiencia como madre, intenta cualquier cosa que sepas que funcionará para convencerla de hacer algo que al principio se negaba a hacer. Aborda el asunto desde su nivel y mantente ahí.

## Evaluación del primer paso

Es tu responsabilidad dar el primer paso con tu hija. En épocas de conflicto, depende de ti iniciar la idea de desconectarse y observar el panorama. Ésta es la única manera en que las sillas pueden comenzar a moverse, por lo que es crucial que actúes adecuadamente en el momento en que la discu-

> ### ¿Tu hija y tú son adictas a la posición de espalda contra espalda?
>
> Si tu hija y tú tienen el hábito, desde hace mucho tiempo, de asumir la posición de espalda contra espalda, lo que incluye gritar, agredirse y desahogarse sin restricción, puede que sientas una especie de pérdida cuando comiences a utilizar la posición de cara a cara, que es más sana y menos tóxica y, desde luego, la posición lado a lado. La euforia que sentías cuando gritabas irrespetuosamente puede haberte parecido toda una liberación. Quitar esta sensación emocionante te deja sintiéndote como se siente cualquier adicto que atraviesa por un proceso de abstinencia: deprimida, nerviosa o angustiada. Pero he aquí una sugerencia: reorienta esa energía negativa hacia algo más positivo, es decir, un aspecto de tu lista S.W.E.E.P. que necesite ajuste. Por ejemplo, si no tienes suficiente diversión en tu vida, date tiempo de hacer ejercicio o intentar un pasatiempo nuevo. Una pareja de madre e hija adictas resolvió su problema cuando decidió tomar una clase de ejercicio juntas. No sólo reorientaron su energía, sino que además se divirtieron.

sión comience a violentarse. Si tu hija tiene más de doce años (y conoce la estrategia), empezará a desconectarse por sí misma sin que se lo pidas, en especial si las dos han logrado antes moverse a través del conflicto de:

Espalda contra espalda → cara a cara → lado a lado

Después del primer paso verbal o escrito, debes reflexionar y hacerte las siguientes preguntas:

¿Logré lo que quería?
¿Utilicé palabras positivas y sin ambigüedad?
¿Respeté y seguí las reglas de conversación?
¿Valió la pena?
¿Qué cambiaría la próxima ocasión?

Cuanto más practiques estos pasos, más ducha serás en su uso. Continúa utilizándolas y verás que tu hija y tú encuentran un ritmo natural, y muy pronto sus posiciones cambiarán sin dificultad. Si en algún momento vuelve la tensión, es hora de regresar y desconectarse para observar el panorama. Antes de que te des cuenta, estarás cambiando posiciones de forma tan natural que será subconsciente. Ésta es la meta de la estrategia.

Ahora que has aprendido sobre el movimiento, examinemos de nuevo la situación hipotética que planteamos anteriormente en este capítulo sobre la niña de once años que llega a casa apestando a humo de cigarrillo. Cuando le preguntas al respecto, miente. Tu primer impulso es gritarle y mandarla a su cuarto, pero te das cuenta de que ésta es una buena oportunidad para mover sus sillas. Con base en lo que ahora sabes, ¿qué es lo que harías?

El olor del cigarrillo te toma desprevenida. Tu reacción natural es soltar: "Tu aliento huele a cigarrillo". Cuando tu hija te rechaza, comprendes que una mejor aproximación sería iniciar una conversación en la posición cara a cara y compartir con ella información de tu pasado. Esto es una desconexión sutil para observar el panorama. Podría desarrollarse de esta manera:

> Madre: Tu aliento huele a cigarrillo.
>
> Hija: Pues no sé por qué, mamá. No sigas.
>
> Madre: Está bien (pausa). Cuando yo tenía tu edad, probé un cigarrillo. Creo que me gustó.
>
> Hija: ¿De verdad? ¿Fumabas?
>
> Madre: No mucho, sólo de vez en cuando con mis amigos.
>
> Hija: Sí, muchas niñas de mi escuela están empezando a probar…

De esta manera puedes comenzar la conversación en la posición cara a cara para abrir el diálogo.

Ya que hemos analizado cómo mover la posición de las sillas, es hora de centrarse en cómo abrirse paso en el camino hacia la resolución de un conflicto. El siguiente capítulo ilustrará cómo se utilizan los tres pasos de la estrategia de las sillas para que puedas obtener el máximo beneficio.

# 7 Paso tres

## Desplazamiento por las posiciones para llegar a una resolución

El último paso de la estrategia de las sillas es lo que, en muchos sentidos, se desprende de observar continuamente tu posición y practicar (incluso experimentar) con el movimiento. El desplazamiento combina la observación y el movimiento, y junto con tu fuerza, equilibrio y claridad, tu hija y tú llegarán a una resolución de una nueva manera.

### Donna y Patricia

Hace algunos años, recibí una llamada de Donna, una madre angustiada que estaba muy preocupada por la manera en que Patricia, su hija de diez años, se vestía. Según Donna, su hija parecía una fulana que emulaba a ídolos de la música pop, como Britney Spears, porque usaba ropa demasiado ceñida y reveladora para una niña de su edad. La madre afirmó que había intentado todo. Le había explicado a Patricia que sus atuendos enviaban un mensaje inapropiado y que llamaban la atención hacia ella, pero de una manera que era poco deseable. Donna había recurrido incluso a los castigos, pero nada funcionaba con Patricia. Donna quería que su hija fuera a hablar conmigo. Mi respuesta, por supuesto, fue: "Para poder entender el problema con tu hija, necesito pasar tiempo contigo, que eres la madre". A regañadientes, Donna aceptó, y concertamos una cita para la siguiente semana.

La madre entró en el consultorio a la hora acordada. Vestía camiseta escotada y pantalones deportivos de velour muy ceñidos, que dejaban entrever la tanga. Tomó asiento y procedió a contarme que el comportamiento de su hija la tenía desconcertada.

De seguro estarás pensando: "Oye, Donna, ¿ya te viste en el espejo?". La verdad es que probablemente sí se había visto. Tal vez salió de su casa con ese atuendo pensando que estaba bien. Sin embargo, era evidente que lo que Donna no comprendía era que el comportamiento de su hija surgía directamente de la posición que ella misma tenía como modelo de conducta de la niña. Le estaba diciendo a su hija, en este caso por medio de su atuendo, que ese tipo de vestimenta era aceptable y apropiado. No tenía las herramientas con las que tú cuentas. Sin haber realizado su trabajo inicial, Donna no tenía la más mínima idea de qué hacer. Le faltaba conciencia de sí misma, entre otras cosas, y estaba por completo ajena a los mensajes que transmitía a su hija.

Uno de los primeros puntos que tocamos en nuestra sesión fue la idea de que la crianza de la hija empezaba con ella, la madre. De inmediato se puso a la defensiva, creyó que mi filosofía implicaba que ella era responsable de alguna manera por la ropa que su hija se ponía.

Donna: ¿Qué quiere decir, doctor Sophy? ¿Que todo es culpa mía? ¿Que yo soy culpable de que mi hija se vista así?

Dr. Sophy: Aquí no se trata de culpas. Se trata de ti, Donna, de que realmente reconozcas y creas en la enorme influencia que ejerces en el bienestar emocional, físico y espiritual de tu hija. ¿Te das cuenta del poder que tienes?

Donna: Tal vez, seguro. (Pausa) Entonces, usted dice que no es mi culpa, ¿verdad?

Era muy importante para ella, así como lo es para muchas madres con las que interactúo, quedar absueltas de toda culpa respecto a las decisiones inapropiadas o poco inteligentes de sus hijas. Y por cierto, esta madre era una mujer inteligente, respetada y amorosa que sólo quería una respuesta en blanco y negro: culpable o inocente, responsable o no. Sin embargo, no hay lugar para la culpa en este proceso. Sólo hay lugar para la fortaleza. Al final de la sesión, Donna había comprendido que el concepto de que "la crianza comienza contigo" tiene todo que ver con el fortalecimiento personal.

A continuación, hablamos sobre la lista S.W.E.E.P. de Donna. Esto es lo que descubrí:

Sueño: Donna dormía cada vez peor desde hacía varias semanas. Estaba intranquila y tenía un sueño recurrente de estar perdida en algún sitio, por lo general en un aeropuerto o en un edificio desocupado. Tenía suerte si dormía cinco horas cada noche. Como resultado, Donna se sentía exhausta la mayor parte del tiempo.

Trabajo: Su trabajo era ser ama de casa y madre. Este estilo de vida había perdido su atractivo, y comenzaba a sentirse atrapada en la casa.

Alimentación: La familia se reunía a comer varias veces por semana. Personalmente, tenía buenos hábitos alimenticios y cuidaba su peso.

Expresión emocional del ser: Donna y su esposo no tenían verdadera intimidad y así había sido desde hace mucho tiempo. Ella pensaba que esto se debía principalmente al cansancio.

Diversión: Donna trataba de ver a su mejor amiga en el gimnasio un par de veces por semana. Fuera de eso, no tenía ningún pasatiempo ni interés particular.

En el transcurso de la conversación, Donna mencionó algunas cosas importantes. Primero, en los seis meses anteriores había bajado casi cinco kilos de peso y había comenzado a hacer un esfuerzo extraordinario por aumentar su actividad física. Segundo, Donna creía que estaba envejeciendo. No estaba muy contenta por el hecho de que acababa de cumplir cuarenta y siete años y, definitivamente, ya no se sentía sexy. Finalmente, en repetidas ocasiones mencionó la vestimenta de su hija, que, como recordarás, fue el asunto que la llevó a comunicarse conmigo. Pensaba que Patricia llamaba mucho la atención por su vestimenta; que los chicos la observaban por sus faldas demasiado cortas y escotes amplios. Patricia era una niña inteligente, y en vez de ganar reconocimiento por sus logros académicos, la madre creía que se estaba dando a conocer por su vestimenta inapropiada. Esto molestaba mucho a Donna.

Con base en lo que has aprendido hasta el momento en este camino que hemos recorrido juntos, es probable que te hayas dado cuenta de que Donna proyectaba en Patricia muchas de sus necesidades insatisfechas. En ese momento, no comprendía cómo esas necesidades se interponían en su relación con su hija. Tampoco comprendía que, por principio de cuentas, sus necesidades no tenían nada que hacer ahí. Le pedí que se centrara en su lista S.W.E.E.P. y en sus ejercicios de necesidades insatisfechas y que volviera la semana siguiente con Patricia.

*La siguiente semana*

Las dos entraron en mi consultorio aparentemente en una posición de espalda contra espalda, pero quizá eso fue sólo para producir en mí el efecto deseado. Esa misma mañana habían discutido sobre la ropa que Patricia quería ponerse. Al parecer, Patricia ganó la batalla; iba vestida como Britney Spears combinada con Lil' Kim, con una playera ajustada que apenas le cubría el ombligo. Entraron y se sentaron. Después de que les expliqué las reglas de conversación. Patricia comenzó de inmediato.

> Patricia: ¿Y por qué estamos aquí? (Pausa) Mi mamá está loca, ¿verdad, doctor Sophy?
> 
> Dr. Sophy: No, tu mamá no está loca. Mamá, dile por qué han venido.
> 
> Donna: Quise que viniéramos porque tú y yo no dejamos de pelear, y ya no quiero pelear contigo.
> 
> Patricia: Peleamos, doctor Sophy, porque mi mamá no me deja hacer nada de lo que quiero. Mi casa es como una prisión.
> 
> Donna: ¿Una prisión? ¿Desde cuándo te sirven tres comidas, te hacen la cama y te llevan a donde necesitas ir en una prisión?

La madre tenía problemas serios con su hija. Su resentimiento era muy evidente.

El volumen aumentó, y cayeron en una posición de espalda contra espalda. Para restablecer las reglas de conversación, levanté un letrero que decía:

1. Escucharse mutuamente con respeto.
2. No hablar cuando la otra persona lo hace.
3. Dejar que la otra persona termine de hablar, incluso si no estás de acuerdo.
4. Establecer una señal (un guiño, un movimiento de la mano) que permita saber a la otra persona que te gustaría tomar la palabra.

La conversación reinició, esta vez en una posición cara a cara. Le pedí a ambas que movieran sus sillas para que quedaran frente a frente. La madre estaba ya en esa posición, pero la hija la asumió hasta que se lo pedí. La madre demostraba claramente, sin saberlo, que estaba llegando a una posición cara a cara de forma natural.

> Patricia: Mamá, yo quiero vestirme de esta manera. Todas mis amigas se visten así. Es la moda y me siento muy bien vistiendo así. (Pausa) Es todo lo que tengo que decir.
>
> Donna: Entiendo que te guste vestirte así y que tus amigas Rona y Madison lo hagan también. Pero eres aún muy pequeña, me parece, para exhibirte así.
>
> Patricia: ¿Qué importa que muestre un poco de piel? No estoy haciendo nada malo. Es sólo piel, todos tenemos piel. Incluso tú tienes piel, mamá.
>
> Donna: Cuando tenía tu edad, no me permitían vestirme así. ¡Y nunca le hablé a mi madre de esta manera!

Patricia puso los ojos en blanco.

> Patricia: Y dale con eso. Otra vez me vas a contar una historia estúpida de cuando eras niña. ¡No soy una niña!
>
> Madre: ¡No me hables así! ¡Ya no puedo seguir oyendo esto!

Ahora regresaban a una posición de espalda contra espalda, ya que la madre había roto la primera regla de conversación.

> Dr. Sophy: Por favor, tienen que respetar las reglas de conversación.

Se detuvieron un momento y después hicieron un nuevo intento por colocarse en una posición cara a cara.

> Donna: Cuando tenía tu edad, nunca me vestía así. Simplemente no era apropiado para una niña de diez años de edad. Por favor ayúdame a comprender.
>
> Patricia: Las cosas han cambiado, mamá, ahora es diferente. Además, no soy tú. (Pausa) Pero me gusta cómo te vistes, mamá. Te ves muy bien.

Donna: ¿De veras? ¿Me veo bien? Nunca me lo habías dicho.
Patricia: Bueno, pues es la verdad.

Donna estaba feliz por el comentario de su hija; otra necesidad suya quedaba satisfecha. Saltaba a la vista que Patricia veía a su madre como modelo. Donna comenzó a entender el poder que tenía sobre su hija. Aproveché este momento para intervenir.

Dr. Sophy: Mamá, por favor explícale a tu hija por qué su estilo te parece inapropiado.

Donna reflexionó un momento. Me di cuenta de que realmente había empezado a entender, que había cobrado conciencia de cómo sus necesidades entorpecían la comunicación con su hija. La madre estaba visiblemente afectada cuando comenzó a hablar.

Donna: Patty, ésta es la cuestión: Eres un individuo, lo sé. Pero me preocupa mucho que tu forma de vestir no transmita el mensaje correcto a la gente.

Finalmente la madre estaba enfrentando el problema por las razones apropiadas.

Patricia: ¿Qué gente? ¿Cuál mensaje? No entiendo nada.
Donna: Los chicos de tu escuela. Si te vistes de esa manera, pueden pensar que eres muy diferente por dentro de como eres en realidad.

Era indudable que Patricia estaba escuchando el importante mensaje cara a cara de su madre.

Patricia: Sólo es ropa, mamá.
Donna: Mira, tengo una idea. ¿Por qué no pensamos en algunos detalles que pueden hacer que tu vestimenta se vea un poco más apropiada?

Donna se volvió a mirarme; asentí con la cabeza. Se estaba esforzando por llegar a una resolución lado a lado y lo estaba haciendo muy bien.

Patricia: ¿Como cuáles?

Donna: Bueno, veamos. ¿Qué tal si cuando uses una blusa de tirantes te pones también una chaqueta ligera encima?

Patricia: No sé.

Donna: ¿Qué tal un suéter?

Patricia: Me gustan los suéteres. Pero realmente no tengo uno que me guste.

Donna: ¿Y si te pones mi pashmina azul? Te la puedo prestar.

Patricia: ¡Me encanta tu pashmina! ¿De verdad me la prestas?

Donna: Por supuesto.

Patricia: Perfecto. Gracias, mamá.

La madre me miró y sonrió. Las dos habían logrado transitar a una posición lado a lado. Se habían escuchado una a la otra, se habían hablado con respeto y habían encontrado una solución. En ese momento, les di un tiempo para que conversaran en la posición que acababan de encontrar. Estaban repasando mentalmente el guardarropa de la madre y pensando en los accesorios que Patricia podía ponerse.

Donna y yo continuamos trabajando juntos algunas sesiones más. Lo más importante fue que cobró conciencia de que se sentía muy insatisfecha con su vida. Donna había trabajado como vendedora en una tienda hasta que Patricia nació. Le gustaba su trabajo, pero estaba muy emocionada cuando llegó la bebé y dejó su empleo para dedicarse por completo a cuidar a su hija. Desde hacía tiempo se sentía cada vez menos satisfecha con esta situación, pero no había podido admitirlo ante nadie, en especial ante ella misma. Sin embargo, tenía casi una década que había dejado de trabajar y no se sentía segura de sus capacidades para volver a buscar empleo. En conjunto, todos estos detalles la hacían creer que no tenía propósito en la vida. Por eso tenía sueños recurrentes que no le permitían dormir por las noches. Se sentía perdida, asustada y temerosa por su hija, aunque en realidad temía por ella misma, y se comportaba de formas que la hacían sentir que conservaba su juventud.

Una de las posibles soluciones de las que hablamos fue que Donna buscara un trabajo de voluntaria. Sentirse bien respecto a cómo había pasado el día y tener una razón para levantarse por la mañana ayudaría a aumentar la autoestima de Donna. Esto haría que el tiempo que pasaba con su hija fuera mucho más satisfactorio. La idea de que podía ser una mejor madre si no se quedaba en casa la sorprendió, pero aceptó la idea y descubrió que pasar quince horas a la semana trabajando en un refugio para víctimas de la violencia doméstica y sus hijos le resultaba muy gratificante. Por cierto, Donna decidió compartir la estrategia de las sillas con Patricia y juntas salieron adelante. A Patricia le gustaba en especial establecer las reglas del juego de los dados y escogió su pastelería favorita como el lugar al cual irían la próxima vez que necesitaran hablar.

Quiero reiterar que la forma en que la madre vestía y su estilo en general no eran el verdadero problema. Más bien, era la desconexión con su hija, y lo que es más importante, con ella misma. Cuando conocí a Donna, ella no tenía idea de las necesidades que tenía en ese momento. Su

### Nota a la madre: Vas bien. Puedes lograrlo

Creo en ser amable pero directo con mis pacientes. Debido a mi forma de ser, a menudo critico a las madres, sobre todo porque veo a muchas que sólo tienen un conocimiento subconsciente de los problemas que les crean sus hijas por no enfrentar sus propios problemas. Sin embargo, también veo a muchas, muchas madres que hacen su mejor esfuerzo por comunicarse e interactuar exitosamente con sus hijas. Ser madre es difícil. Lo sé. Por eso siempre tengo cuidado de apoyar cualquier cosa que la madre haga bien, incluso si es simplemente dar el primer paso en la dirección correcta.

Hace varios años me pidieron que visitara a una familia para decidir si una situación particular requería la intervención de los servicios gubernamentales de protección de menores. Había habido muchas quejas de los vecinos contra una madre de veintiún años y su hija de tres, por los gritos que, según ellos, se oían constantemente. Cuando llegué a la casa, no había nadie, por lo que caminé por la calle y llegué a un parque infantil. No era nada del otro mundo, sólo un columpio en un árbol, algunas bancas y una estructura descuidada para que los niños treparan y jugaran.

En el parque vi a una madre que, sin lugar a dudas, pasaba por un momento difícil con su hija pequeña, que estaba haciendo un terrible berrinche. Algunos adultos y niños las rodeaban, y era innegable que

> la madre estaba muy mortificada. La vi intentar diferentes tácticas para tranquilizar a su hija. Aunque nada parecía producir el resultado que la madre esperaba, ella continuaba demostrando amor y ternura a su hija que lloraba. Con abrazos afectuosos y susurros para calmarla, era palpable cuánto adoraba a su hija y cuánto se esforzaba por ayudarla a salir del berrinche.
>
> Pensé: "¡Vaya, alguien necesita decirle a esa madre que está haciendo un excelente trabajo!" Tal vez no tenía todas las respuestas, pero ciertamente hacía todo lo que estaba a su alcance y no maltrataba a la niña de ninguna manera ni la ponía en peligro.
>
> Después de algunos minutos el berrinche empezó a ceder y la niña, exhausta, se apoyó en una de las barras de la estructura para trepar, no muy lejos de la madre. Me acerqué y me presenté. Luego dije: "Mire, hace un momento se hallaba en una situación difícil, pero creo que lo manejó de la mejor forma posible". Ella rompió en llanto. Resultó que era la misma madre e hija que me habían enviado a observar. Nos sentamos juntos y comencé a hablar. El hecho de que alguien le dijera "buen trabajo" era el estímulo simple pero esencial que yo sabía que necesitaba. Lo que también reconocí fue que ella ya se encontraba en una posición de espalda contra espalda y su hija era aún muy pequeña; sin embargo, la madre buscaba con desesperación una forma de comunicarse cara a cara.

falta de claridad se habría hecho patente aunque fuera vestida con un traje sastre conservador. Si hubiera sido consciente de sus necesidades y capaz de evitar que interfirieran en la relación con su hija (el trabajo inicial), su vestimenta, incluso si fuera la misma, habría dado una impresión distinta, porque Donna sería diferente por dentro. Por ejemplo, si hubiera tenido una lista S.W.E.E.P más fuerte, habría visto a su hija como una oportunidad y habría aceptado plenamente su auténtico yo; entonces, aunque se vistiera de esa forma, se habría visto diferente, con más confianza y autenticidad, y habría transmitido un mensaje que más o menos diría: Me siento bien de ser quien soy, cómo me veo y cómo actúo. Habría transmitido ese mensaje claro a su hija más temprano que tarde y su relación habría sido muy diferente.

La falta de autoconciencia de la madre comenzó a carcomer su autoestima, e influyó para que una época de por sí difícil fuera aún peor. Su decisión de vestir de una forma más juvenil era un intento subconsciente por ocultar sus verdaderos problemas, pero al fin y al cabo (por supuesto) salieron a la luz.

## Paso a pasito

El éxito de la estrategia de las sillas en una situación acalorada puede ser ciertamente inmediato. Además, una vez que hayas salvado los obstáculos en el camino que las llevará a una resolución positiva, te sentirás más segura de la estrategia y te parecerá más fácil ponerla en práctica. Mi sugerencia es que si tu relación lo permite, empieces dando pasos pequeños. Recuerda que los cambios simples y sutiles a la larga contribuyen en gran medida al efecto acumulativo de la estrategia: una relación más fuerte y sana con tu hija. Toma una interacción sencilla con tu hija y experimenta. A continuación te presento dos situaciones que pueden reorientarse hacia un camino más sano si se tratan proactivamente con la estrategia de las sillas:

1. Tu hija llega a casa de la escuela con cara larga. Tu respuesta típica sería comentar con sarcasmo: "Alguien se ve feliz". En lugar de eso, intenta decir desde la posición cara a cara: "Percibo que no te encuentras bien" o "¿Quieres sentarte conmigo antes de hacer tu tarea?".
2. Tu hija divorciada te llama de muy mal humor. Comienza a hacer comentarios mordaces e insinúa que tú eres la razón por la que su vida se vino abajo. Una observación inocente de tu parte y ella enfurece: "Eres tan necia. Sabes, Michael me lo decía todo el tiempo. Tú lo volviste loco, igual que al resto de nosotros. De seguro por eso se fue". Unos minutos después, empieza a vociferar: "¿Por qué voy a creerte? Eres la misma persona que me dijo: 'Cásate con Michael, es un príncipe'. Odio mi vida". En lugar de defenderte o comenzar a discutir, desconéctate y dile: "Deja que te llame en unos minutos después de que prepare una taza de té".

Cuanto más practiques el movimiento, más fácil será. Pronto, tus movimientos serán más fluidos y los iniciarás subconscientemente. Sin importar la edad de tu hija, ella empezará a percibir tu apertura, así como tu falta de necesidad de enzarzarte en una confrontación en la posición de espalda contra espalda. Si aplicas esta técnica sistemáticamente, con el paso del tiempo te irás sintiendo más segura, y te garantizo que tu comunicación comenzará a moverse en una dirección más positiva. En la estrategia de las sillas, el éxito se mide por el movimiento, sin importar lo pequeño que sea. Con el tiempo, los cambios pequeños marcarán una gran diferencia en tu relación. Veamos otro ejemplo:

Pam, una madre soltera sumamente nerviosa, y su hija de dieciséis años, Ruby, discutían por la hora de llegada de los fines de semana. Aunque Pam tenía la firme convicción de que las 11:30 de la noche era una hora apropiada, Ruby insistía en que le diera permiso de llegar hasta la medianoche. Cada vez que Ruby se quejaba de que a todas sus amigas las dejaban llegar a casa hasta la medianoche, la respuesta de Pam era: "A mí qué me importa". Sin embargo, desde que les enseñé la estrategia de las sillas, la dinámica cambió entre ellas. La madre accedió a dejar salir a Ruby hasta la medianoche si ella llamaba a las 11:30.

Un sábado por la noche, Ruby salió con sus amigos y Pam se quedó dormida en un sillón del vestíbulo, donde siempre esperaba a que Ruby regresara. Despertó a las 11:48 de la noche, Ruby no había llegado y no había llamado por teléfono. Furiosa, me mandó un mensaje de texto para preguntarme qué debía hacer. (Sí, respondo mensajes de texto incluso a esa hora.) En mi mensaje de respuesta, le recordé su capacidad de ser flexible. Después de todo, le había dado espacio a su hija. A los diez minutos después de la medianoche, mientras Pam tenía el teléfono en la mano y estaba a punto de llamar a la policía, Ruby abrió la puerta, pidiendo perdón.

Madre: ¿Dónde diablos estabas y por qué no llamaste?

Ruby: Lo siento. Se acabó la pila de mi teléfono y nos quedamos atrapados en el estacionamiento detrás de un coche descompuesto y, a decir verdad, no supe qué hacer.

Madre: ¿Nadie tenía un teléfono que te pudiera prestar? ¿Nadie?

Ruby comenzó a ponerse a la defensiva. En ese momento, Pam recordó otra línea de mi mensaje de texto: Cara a cara pase lo que pase.

Madre: Mira, lo que pasa es que te quiero mucho y estaba preocupada por ti.

Ruby: Gracias, mamá, ya lo sé. Fue un sentimiento horrible estar en ese auto y no poder llamarte. Voy a empezar a llevar una pila de repuesto para mi teléfono.

Este pequeño ajuste en la estrategia de la madre empezó a operar un gran cambio en su relación. Y te darás cuenta de cómo estos ajustes se van sumando en la relación con tu hija.

## EJERCICIO: LA ESTRATEGIA EN SU CONJUNTO

Ahora que tú, la conductora designada, conoces las reglas y las pautas de la estrategia de las sillas, vamos a hacer una prueba de conducción.

Elige dos áreas de conflicto recurrente o prevalente entre tu hija y tú. Cuanto más específica seas, tanto mejor, para que puedas realmente probar la estrategia de las sillas en acción. Después de usar esta técnica lo mejor posible, registra en tu diario cómo resultó la discusión contestando las siguientes preguntas. (Muchas de mis pacientes conservan este tipo de registro escrito para consultarlo cuando surgen conflictos mayores.)

Problema:

Circunstancia:

Preguntas:

¿En qué posición comenzaste y cómo te expresaste?

¿Qué posición asumió tu hija y cómo la expresó?

Explica el camino que seguiste entonces y menciona las posiciones y técnicas que empleaste. Escríbelo en forma de lista si es más sencillo.

Técnicas utilizadas:

Resolución:

El siguiente es un ejemplo de una madre de una adolescente de quince años:

*Problema: Lisa (la hija) pasa demasiado tiempo en Facebook; siempre tenemos que discutir para que apague la computadora.*

## PASO TRES

*Circunstancia:* Hora de acostarse, 9:30 de la noche, ella quería diez minutos más.

*Preguntas:*

*¿En qué posición comenzaste y cómo te expresaste? Cara a cara, le pedí amablemente que apagara la computadora.*

*¿Qué posición asumió tu hija y cómo la expresó? Espalda contra espalda, protestó de forma grosera. Lisa levantó la voz y espetó: "¡Ay, mamá, déjame en paz! ¡Todo el mundo está en línea a esta hora! En un rato me desconecto".*

Explica el camino que seguiste entonces y menciona las posiciones y técnicas que empleaste. Escríbelo en forma de lista si es más sencillo.

1. *Respondí: "¡No, dije que no!" (espalda contra espalda).*
2. *Lisa puso los ojos en blanco.*
3. *Me desconecté de la situación, literalmente salí de la habitación unos dos minutos. Lisa continuó en la computadora. Después de reflexionar un momento (observar el panorama), me di cuenta de que unos minutos más no eran la gran cosa. Lisa había trabajado mucho esa tarde para terminar su tarea de matemáticas.*
4. *Tomé la posición cara a cara y le dije a Lisa que podía seguir algunos minutos más. Le dije que sabía que había trabajado duro toda la tarde y, por lo tanto, podía usar la computadora hasta las 9:45 de la noche.*
5. *Lisa agradeció el detalle y pidió disculpas por su arrebato.*
6. *A las 9:45 de la noche salió de Facebook y apagó la computadora.*

*Técnicas utilizadas:* Desconexión y observar el panorama; fueron exitosas.

*Resolución:* No precisamente; aún necesitamos hablar del problema general del tiempo que pasa en la computadora y cómo parece que le resta tiempo para hacer la tarea. Propondré cinco minutos más dos veces a la semana, siempre y cuando Lisa respete los límites que establezco, y eso incluye nada de Facebook o mensajería instantánea.

Ahora que hemos analizado los diferentes pasos de la estrategia de las sillas, espero que empieces a utilizarlos en tus interacciones con tu hija. Deja que trabajen en tu beneficio y notarás una gran diferencia en tu relación:

>Paso uno: Observar e identificar la posición de las sillas.

>Paso dos: Cambiar la posición de las sillas para avanzar en la solución del conflicto

>Paso tres: Desplazarse por las posiciones para llegar a una resolución.

En la parte final del libro veremos cómo algunas madres como tú han utilizado la estrategia de las sillas para resolver algunos de los problemas más espinosos: sexo, dinero y valores, y divorcio.

## Nina en el aeropuerto de Los Angeles

Nina era una camarera de sesenta y tres años que conocí en el Aeropuerto Internacional de Los Angeles cuando ambos estábamos formados en la fila de la tienda de regalos. Ella llevaba varias revistas y refrigerios. En un momento dado se le cayeron algunos de los artículos y le ofrecí mi ayuda. Al entregarle el último artículo, me fue imposible no notar la enorme tristeza que reflejaban sus ojos cuando me dio las gracias.

—¿Se encuentra bien? —pregunté.

—Ehhh —respondió.

No se necesita ser psiquiatra para saber que cuando uno recibe una respuesta como ésa, en especial de un extraño, es una invitación abierta para indagar. Así que lo hice.

—Va a comprar muchas cosas —comenté—. ¿Le espera un vuelo largo?

—Ah, no tiene usted idea —contestó.

Era evidente que esta mujer estaba desesperada por hablar con alguien. Así que cuando Nina y yo pagamos nuestros artículos, caminamos a la terminal del aeropuerto y nos sentamos juntos. En menos de cinco minutos, me enteré a grandes rasgos de la historia de su vida, como también de la razón de la tristeza en su mirada.

Nina y su hija de veinticinco años de edad, Joan, no se habían hablado en dos años. La comunicación entre ellas terminó intempestivamente cuando Joan se fugó con un hombre que Nina y su esposo pensaban que sólo le daría problemas a su hija. No tenía trabajo, ni medios claros para mantenerse, y había convencido a Joan de mudarse a Ohio para empezar una nueva vida juntos. Aunque Nina no creía que el joven fuera peligroso, le daba muy mala espina. Le rogó a Joan que se alejara de él. Joven y enamorada, Joan desafió a sus padres y se mudó con el muchacho a Ohio.

En los seis meses siguientes, Nina trató en vano de comunicarse con Joan a través de llamadas y mensajes de correo electrónico. Joan no contestó ninguno. Sin recursos económicos para viajar, Nina no podía hacer nada más que aceptar lo que sabía que era el dolor más terrible de su vida: perder a su hija. Completamente desolada, Nina cayó en una depresión profunda y nunca volvió a ser la misma.

En la semana que conocí a Nina, había recibido una llamada de una amiga de la preparatoria de Joan. La amiga le contó que Joan estaba muy enferma de cáncer de mama y le dijo dónde vivía. En ese momento, los amigos y vecinos de Nina cooperaron para comprarle un boleto de avión. Nina estaba en camino para ver a Joan ese día.

—¡Qué historia tan asombrosa! —exclamé—. Usted es asombrosa.

Nina se ruborizó.

—No soy asombrosa, soy horrible —comenzó a llorar—. Soy una persona horrible y una madre horrible. Me avergüenzo de mí misma.

Era difícil en ese momento ofrecer algún consuelo a Nina, ya que prácticamente era una extraña. Al mismo tiempo, me identifiqué con ella y su historia.

—Nina —le dije—, lo que está haciendo es algo muy valiente y amoroso. Las circunstancias que la llevaron a este punto no importan ahora. Lo importante es que va a ver a Joan y que esté dispuesta a ayudarla.

Me dio las gracias, me ofreció un paquete de goma de mascar, y se dio cuenta de que era hora de que abordara su avión.

—Hágame un favor —pedí—. Escriba estas cuatro cosas para cuando Joan y usted tengan un momento para conversar.

—Ay, Dios mío, ¿se trata de una de esas cosas psíquicas raras? —preguntó Nina.

—No, por supuesto que no —repuse—. Más bien es una de esas cosas raras que hacemos los psiquiatras.

—Los loqueros me dan miedo —afirmó Nina.

—A mí también.

Ambos reímos. Ella sacó una hoja de papel y, a petición mía, escribió lo siguiente:

Conecta tu mente y tu corazón.

Ésta es tu oportunidad.

Abre tu mente a lo que ella te diga.

Sé consciente de ti misma.

Nina dobló el papel, lo guardó en su bolsa y se marchó a abordar el avión.

## La estrategia de las sillas: Preguntas frecuentes

**¿Realmente funcionará para mi hija y para mí aunque nuestra relación actual sea tormentosa?**

El hecho de que sea *tormentosa* puede ser la razón por la que compraste este libro. Sí, claro que funcionará. Además, sería muy extraño que tu relación no fuera tormentosa por momentos. Pero recuerda que tal vez se necesitaron años para que las dos llegaran a un lugar donde la posición de espalda contra espalda es la más natural entre ustedes. No obstante, con perseverancia y compromiso inquebrantable de mejorar, verás cambios positivos.

**¿No es demasiado tarde para tener una mejor relación si mi hija ya es adulta y tiene hijos propios?**

Nunca es demasiado tarde. Pero recuerda, se necesita tiempo. He visto infinidad de casos en los que estas técnicas lograron transformar la relación. No hay motivo por el que no funcionen contigo y tu hija. (¿Por qué no le compras a tu hija un ejemplar de este libro?) Lo importante es que no sólo las técnicas que apliques de este libro te servirán para mejorar la relación con tu hija, sino que también servirán para mejorar la relación de tu hija con tu nieta. Recuerda, mucho de nuestro comportamiento se debe al modelo que nos transmitieron nuestros padres.

**¿Y si una de las dos se molesta mucho, grita y quiere dejar de hablar?**

No pasa nada en absoluto y es algo de esperar en ciertos momentos. Si comunicas respetuosamente la necesidad de desconectarte, la otra persona de seguro accederá y podrán reanudar la conversación cuando estén preparadas. Ninguna de ustedes puede forzar a la otra, y el progreso continuará cuando ambas estén listas.

**¿Debemos practicar la estrategia de las sillas incluso si nos llevamos bien?**

Sí. La estrategia de las sillas es una manera de entender la comunicación con tu hija en todo momento. Cuando la integres a tu vida, se volverá parte de ella y también será la única manera en la que tu hija y tú se comuniquen. De hecho, ni siquiera te darás cuenta de que la estás utilizando.

**Algunas veces quiero gritarle a mi hija. ¿Qué pasa si me canso de este estilo de comunicación?**

Cuando grites (o quieras gritar), toma en cuenta que seguramente te encuentras en una posición de espalda contra espalda, por lo tanto, esfuérzate para salir de ella. Sin embargo, ten presente que la intención de la estrategia de las sillas no es que madre e hija se comuniquen como si fueran autómatas. Por supuesto, habrá ocasiones en que las emociones se exalten. A lo largo de este libro he recalcado el hecho evidente de que tanto tú como tu hija son seres humanos. Están aprendiendo una forma totalmente nueva de comunicarse; por lo tanto, no te impongas normas poco realistas. Algunas personas pueden llegar a sentirse desconectadas cuando dejan de relacionarse desde la posición de espalda contra espalda (ve el recuadro en la página 129 sobre las personas adictas a la posición espalda contra espalda).

**¿Qué hago si mi hija no quiere trabajar conmigo con esta estrategia?**

Como mencioné anteriormente, no puedes forzar a nadie, pero siempre le recuerdo a mis pacientes que el cambio comienza con uno mismo. Prueba estas técnicas con tu hija, a ver qué sucede. Si no reaccionas como de costumbre, tu hija no tendrá más remedio que buscar otro modo de comunicarse más eficaz, y empezará a imitar tus esfuerzos.

**¿Debo decirles a otras personas en mi vida que estoy utilizando esta estrategia?**

Con un poco de suerte, estas personas comenzarán a ver y a oír los cambios que se van operando en ustedes debido a la mejor relación que tienes con tu hija. Dicho lo anterior, compartir la estrategia de las sillas es una idea maravillosa. La estrategia de las sillas no tiene el propósito de dividir el mundo entre un grupo de seres iluminados que la conocen y otro grupo de condenados al infierno de las relaciones por no conocerla. Pero has hecho un compromiso personal para mejorar la relación con tu hija, y este libro te ofrece herramientas concretas y ejemplos de la vida real para que alcances tu meta

PARTE TRES

# Temas delicados

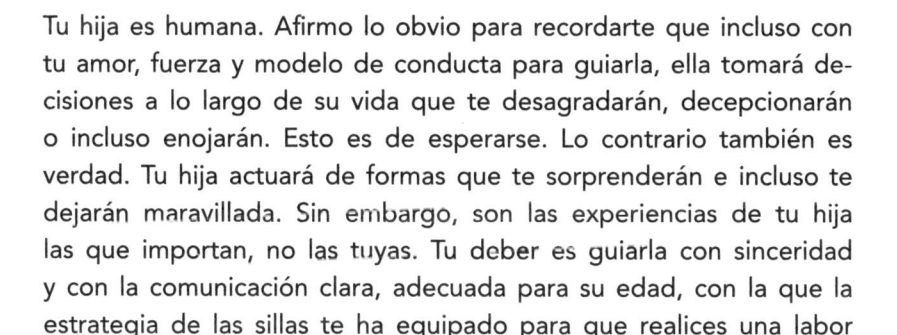

---

Tu hija es humana. Afirmo lo obvio para recordarte que incluso con tu amor, fuerza y modelo de conducta para guiarla, ella tomará decisiones a lo largo de su vida que te desagradarán, decepcionarán o incluso enojarán. Esto es de esperarse. Lo contrario también es verdad. Tu hija actuará de formas que te sorprenderán e incluso te dejarán maravillada. Sin embargo, son las experiencias de tu hija las que importan, no las tuyas. Tu deber es guiarla con sinceridad y con la comunicación clara, adecuada para su edad, con la que la estrategia de las sillas te ha equipado para que realices una labor eficaz en este aspecto.

No obstante, hay ciertos temas que tienen el potencial de complicarle la vida hasta a los padres mejor preparados: sexo, dinero y valores, y divorcio. Las emociones que suscitan estas cuestiones complican la dinámica madre-hija de formas inesperadas que te harán sentir que todo el amor incondicional y el respeto que le has dado a tu hija no han servido de nada. Esto es falso. Cuando surja alguno de estos asuntos espinosos, ella requerirá, más que nunca, tu atención, cariño y guía.

En los próximos capítulos conocerás de cerca situaciones reales de madres e hijas que intentan resolver estos problemas delicados usando la estrategia de las sillas y sus técnicas básicas. Uno de los puntos que observarás es que no existe una fórmula mágica para resolverlos. La magia (en este caso, alcanzar la posición lado a lado) sucede solamente con un compromiso real, sinceridad y confianza en el proceso, algo que ya has demostrado desde que emprendimos este viaje. Aunque uso las mismas técnicas, evaluaciones y ejercicios para todos, estos casos requieren pequeñas variantes del proceso paso a paso que expliqué en la parte dos. Esto se debe a que, como especialista y observador ajeno a la relación, mi responsabilidad es analizar cada situación y tomar en cuenta variables como las necesidades inmediatas de la madre y la hija, el marco temporal y cualquier otro detalle específico que me ayude a adecuar mi plan de acción. Cuanto más aceptes y practiques la estrategia de las sillas, más pronto aparecerá tu estrategia individualizada. Además, será más fácil que tu hija y tú logren llegar a un punto de confianza mutua en la posición lado a lado que les permita tratar mejor los complejos asuntos que se les vayan presentando.

## 8 El sexo y la transferencia percibida de la sexualidad

Alicia, una paciente mía de quince años de edad, tenía problemas sociales. Aunque tenía muchos amigos de ambos sexos en la escuela, el problema era que sus amigas empezaban a tener novio, pero ningún chico demostraba interés en ella. Alicia era una estudiante que siempre obtenía excelentes calificaciones, extrovertida y querida por sus compañeros. Si describiera su apariencia física (cabello rubio, largo y ralo, ojos azules grandes y tez de porcelana), imaginarías una hermosa jovencita. Sin embargo, para Alicia, estos atributos eran comunes y corrientes y no la ayudaban a sobresalir del montón. Según ella, a los ojos de los chicos, ella seguía siendo una niña que no se estaba transformando en mujer. Creía que por ser graciosa, los muchachos que eran sus amigos la tenían relegada a la zona de amistad exclusivamente. Esto la molestaba mucho y había empezado a afectar su rendimiento escolar.

En la primera sesión que tuvimos juntos, Alicia mencionó, después de conversar sobre los componentes de su lista S.W.E.E.P., que nunca había tenido una conversación real sobre sexo con un adulto. La única información que obtuvo al respecto fue cuando tenía siete años y le preguntó a su madre cómo era posible que una mujer tuviera un bebé dentro del estómago. La madre le dijo a Alicia que los bebés empezaban a crecer cuando dos personas se querían mucho y se abrazaban con fuerza. Ésa fue toda la conversación.

Alicia me contó que después de esta charla, el tío Joseph fue a visitarlos. Ella adoraba a su tío y estaba muy feliz de verlo. Cuando tío Joseph llegó a la casa, la saludó como siempre: con los brazos abiertos. Alicia recuerda lo asustada que estaba cuando él la levantó para darle un fuerte abrazo. Mientras forcejeaba para escapar de los brazos del tío, gritó: "¡Por favor, suéltame! Me abrazas muy fuerte".

Alarmado, el tío Joseph respondió: "Lo siento, pequeña, no me di cuenta..." En seguida, dejó a Alicia en el suelo.

Alicia respondió: "Gracias. Es que ahorita no quisiera tener un bebé".

Alicia recuerda que en ese momento su madre comenzó a reír y exclamó: "¡Qué chistoso!". Alicia estaba confundida y avergonzada pero no dijo nada, tampoco su madre. Aunque en cierto sentido Alicia sabía que seguramente los bebés no venían al mundo de esa manera, evitaba los abrazos fuertes.

Al guiar a tu hija en su camino emocional, nada puede ser más peligroso que ofrecerle la posición de espalda contra espalda en el tema del sexo. La sexualidad es uno de los componentes fundamentales que definen a tu hija como persona. Aunque ella deberá explorar esta área por sí misma y a su debido tiempo, es responsabilidad de la madre vigilar a su hija con respeto y guiarla a través de este proceso personalísimo. Esta labor comienza mucho más pronto de lo que las madres creen.

Me parece sorprendente la cantidad de madres que creen que la mejor manera de manejar este tema es mantener a sus hijas en la ignorancia, y lejos del sexo opuesto, el mayor tiempo posible, en lugar de educarlas al respecto. Esta actitud casi siempre procede del enojo y resentimiento de la madre hacia sus propias experiencias desagradables con el sexo opuesto. Esto no sólo es perjudicial para la hija, sino que también es injusto. Aunque está de más decir que cuando se trata del sexo, la protección física es crucial para tu hija (por ejemplo, el uso de un condón), no hay razón alguna ni nada que ganar, emocional o intelectualmente, de "protegerla" del sexo y la sexualidad. Nunca la hay.

Entiendo que hablar de sexo con tu hija puede parecerte intimidante. No tiene que ser así. Y nunca debe ser razón para evitar el tema por completo. ¿Cuándo debes empezar a hablar de sexo o sexualidad con tu hija? Algunas madres creen que esto se logra con la proverbial charla sobre la cigüeña que ocurre, por lo general, cuando tu hija de tres a cinco años pregunta: "¿De dónde vienen los bebés?". Aunque cada madre conduce esta charla a su estilo y de acuerdo con el nivel de desarrollo de la hija, es una de esas responsabilidades maternales que casi siempre se espera con terror. Típicamente, el objetivo es superarla con el menor malestar posible para los padres. Como vimos en el caso de Alicia, esto obstaculiza lo que debería de ser una de las metas reales: ayudar a tu hija a comprender. Aunque una explicación vaga y breve acerca de la mecánica de la reproducción puede satisfacer las dudas de tu hija por el momento, no la ayuda a prepararse bien para lo que enfrentará posteriormente. Otra meta es abrir los canales de comunicación para que cuando tu hija madure tenga la confianza suficiente para acudir a ti con sus preguntas e inquietudes.

Tus palabras son poderosas, mamá. La forma en la que hables con tu hija sobre sexo puede esclarecer las cosas o confundirla, como en el desafortunado caso de Alicia. Estaba a punto de transformarse en mujer y no tenía idea alguna sobre su naciente sexualidad. Sin duda, su ineptitud social se debía, en parte, a la posición de su madre de espalda contra espalda en lo que respecta al sexo. Aunque fomento que la educación y el conocimiento sobre el sexo y la sexualidad se transmitan de madre a hija, no estoy proponiendo que promuevas el sexo con tu hija. Hablar de la abstinencia es siempre una opción, siempre y cuando le expliques con meridiana claridad a tu hija de qué debe abstenerse.

## Lo que se debe hacer y lo que no se debe hacer: Conversación sobre sexo con tu hija

### De 3 a 7 años de edad

> Sí... sigue la pauta que te marque tu hija. Si comienza a hacer preguntas sobre los genitales o tiene curiosidad por saber de dónde vienen los bebés, te está mandando señales de que necesita información. Conversa con ella cara a cara y presta atención a lo que tiene que decir y lo que quiere saber. Deja que ella hable primero. Es tu deber escuchar y responder con respuestas francas, acordes a su edad.

> No... evites el tema sólo porque te incomoda. Esto mandará a tu hija el mensaje involuntario de que el sexo es algo de lo que no se debe hablar o que es un tema incómodo. Esto es una equivocación. El sexo es algo de lo que debemos hablar. En el instante en que la recibas en una posición de espalda contra espalda respecto a este tema, sentarás un precedente muy poco sano.

### De 7 a 12 años de edad

Sí... espera preguntas con mayor detalle que se relacionan con personas concretas; por ejemplo, "Mi prima Jenna está embarazada. ¿Cómo le hizo?"

No... esperes comprensión inmediata. Recuerda que son conceptos difíciles de entender. Dale tiempo, espacio y oportunidad para conversar.

Sí... espera que su información sea variada. Hasta este momento, ella ha oído partes o detalles de todo tipo de fuentes: amigos, los medios de información, etcétera.

No... reacciones con emoción a nada de lo que te pregunte.*

A los doce o trece años de edad, tu hija debe tener una idea clara del sexo y la reproducción. Incluso antes de que tu hija te pregunte, habrá aprendido de ti sobre sexo y sexualidad, ya que asimila:

- La forma en la que vistes.
- Cómo demuestras afecto a tu pareja o esposo.
- Tus interacciones con los hombres, en general.
- Lo que ve en la televisión y en los medios de información.
- Lo que oye en la escuela y le cuentan sus compañeros.

Todo esto provoca que la educación de la hija se torne complicada. Sin embargo, en mi opinión, existe una complicación potencial en esta área que supera a cualquier otra: la transferencia percibida de la sexualidad (TPS). Acuñé el término para describir un fenómeno muy generalizado entre mis pacientes, sin importar sus antecedentes o nivel socioeconómico. La TPS es un sentimiento que muchas madres tienen en cuanto a que sus hijas de alguna manera les están arrebatando su propia sexualidad o la están superando. La palabra clave es percibida. Recuerda, la percepción es poderosa. En la TPS, la percepción puede producir un peligroso sentimiento subconsciente de competencia entre una madre y una hija. De hecho, la TPS es responsable de algunas de las interacciones más volátiles que he presenciado.

* Si crees que estás reaccionando emotivamente, vuelve a los apuntes de tu diario sobre necesidades insatisfechas y ve si puedes dilucidar qué puede estar causando estas reacciones.

La TPS no se desarrolla de la noche a la mañana. Se necesitan años para que estas semillas de la discordia crezcan y se transformen en este tipo de posicionamiento intenso de espalda contra espalda. Típicamente, la TPS ocurre cuando una niña cruza el umbral de la adolescencia. Es entonces cuando algo se despierta en la madre. Hasta ese momento, la madre ha sido el modelo de conducta de su hija y un reflejo de lo que la hija aspira a ser. La TPS invierte el espejo; ahora la hija se vuelve un reflejo que atormenta a la madre, un recuerdo de lo que alguna vez fue o de lo que nunca llegó a ser.

En cierto modo, la TPS puede verse como una versión radical de la convergencia simultánea de las cuatro verdades:

1. Tanto la madre como la hija quieren lo mismo: amor, comprensión, respeto y, en este caso, ser reconocidas como mujeres valiosas y dignas. De acuerdo con las normas de la sociedad, esto implica una valoración de la sexualidad: si es atractiva, deseada, etcétera.
2. Tanto la madre como la hija hablan el mismo lenguaje. Ese idioma mutuo puede utilizarse como un arma en este asunto tan delicado. Cuando se trata de sexualidad y las emociones que el tema suscita, no es de sorprender que las conversaciones entre madre e hija se tornen volátiles.
3. En cierto sentido, la madre y la hija compiten. Anteriormente hablamos de las diferentes maneras en que se materializa esta competencia; cuando el objetivo es obtener amor e intimidad (aunque sólo sean percibidos), el resto de la comunicación puede ser especialmente acalorado.
4. Tanto la madre como la hija tienen estrógenos. Una vez más, dentro de una lucha o competencia (o competencia percibida), esta hormona puede influir en que alguien que está de tu lado parezca tu enemigo y provocar que un error nimio se interprete maliciosamente. Con la TPS, el estrógeno aviva el fuego y así, un simple lapsus linguae desemboca en la tercera guerra mundial.

Como expuse anteriormente, las cuatro verdades sientan las bases para sortear la tormenta en términos de la relación con tu hija. Tal vez te consuele saber que estas situaciones no te afectan sólo a ti.

## Explicación de la TPS

Existen dos razones elementales que explican la TPS:

1. Si una mujer antes de ser madre llamaba mucho la atención y la colmaban de elogios por su belleza, éxito profesional o algún otro logro, experimentará la percepción de que su hija le ha arrebatado esto como una profunda pérdida de su sentido del yo. La madre puede percibir que esta pérdida se debe a su edad, los cambios corporales normales, la menopausia o el propio crecimiento de la hija. Típicamente, esto causa que la madre enfoque su resentimiento y enojo en su hija, tanto de forma consciente como inconsciente. Si la madre no ha realizado el trabajo inicial, esto puede ser desastroso para su psique y, por supuesto, para la relación con su hija. Estas reacciones tienen que ver con las necesidades insatisfechas de la madre (de amor, atención, aceptación y autoestima). La madre debe averiguar por qué ya no puede satisfacer sus necesidades. Para empezar, la madre debe prestar mucha atención a lo que indican las observaciones de su lista S.W.E.E.P. y tratar de corregir el desequilibrio.
2. Si en tiempos pasados la madre no recibió la atención que deseaba, ya sea por su belleza, talento, logros académicos o alguna habilidad especial, utiliza a la hija para alcanzar esa meta y obtener por fin el premio que tanto anheló y jamás recibió. Esto, por supuesto, se relaciona por completo con sus necesidades insatisfechas. Sin embargo, la madre puede llegar a encelarse porque su hija ha logrado destacar donde ella no pudo. Algunas veces, la madre guarda resentimiento a su hija porque la considera una traidora que desempeña el papel social estereotípico de las mujeres (por ejemplo, por ser valorada únicamente por sus atributos físicos), una mentalidad que la madre siempre rechazó y combatió.

Esta transferencia percibida de la sexualidad puede basarse en hechos reales. Si la madre alguna vez fue célebre y ahora tiene una hija igualmente famosa, puede parecerle a la madre que su sexualidad o fama se han transferido a la hija o incluso que la hija se las ha robado. En términos realistas, desde luego, esto no puede ocurrir. Si una mujer bella se encuentra sola en una habitación y otra mujer bella entra, la primera no pierde de repente sus atributos, ni se vuelve menos atractiva sexualmente. Sin embargo, la transferencia percibida de la sexualidad no tiene nada que ver con la realidad. Es pura percepción. Desde el punto de vista de la madre, si alguna vez fue considerada una mujer de gran belleza, pero el tiempo ha pasado y ahora su hija obtiene esa atención, podría sentir que su propia hija le ha quitado su atractivo y, en consecuencia, su poder.

La transferencia percibida puede comenzar literalmente en cuanto nace la hija, y los sentimientos de ineptitud de la madre pueden no abandonarla hasta el instante de su muerte. Si no realiza un examen riguroso, la TPS puede provocar un daño irreparable en la familia y en el lazo entre la madre y la hija.

Para bien o para mal, a pesar de las décadas del movimiento feminista y la cantidad incontable de mujeres que tienen puestos importantes en el gobierno, los medios de comunicación, el derecho, la academia y los negocios, en nuestra sociedad se les sigue considerando objetos sexuales. El mensaje inscrito en nuestra cultura es que las mujeres deben ser bonitas y, por ende, que el valor de una mujer en la sociedad se reduce básicamente a su atractivo, su habilidad para encontrar un hombre con quien casarse y, en última instancia, su capacidad de tener hijos. Por supuesto, algunos aspectos son biológicos: es imperativo que nos reproduzcamos para la continuación de la especie.

Sin embargo, existe un elemento más insidioso en juego que se refiere a las normas culturales. ¿Cómo es la mujer ideal? Si uno se deja llevar por lo que los medios nos dicen, es una mujer joven y muy delgada, promiscua, con piel perfecta, dientes increíblemente blancos y senos voluptuosos. Aunado a esto, en algunos sectores, el valor de una mujer sigue basándose en el tipo de hombre que atrae para casarse, más que en sus propios logros. ¿Es de extrañar que tantas mujeres teman perder su atractivo? Es una parte vital de su identidad. Finalmente, cuando la mujer estadunidense empieza a envejecer, tiende a sentirse marginada por la sociedad, lo cual hace cada vez más difícil que se le siga viendo como un ser sexual, a pesar de que, de un modo u otro, la pulsión sexual nos acompaña hasta que exhalamos nuestro último aliento.

La transferencia percibida de la sexualidad puede estar implicada en los celos que siente una mujer cuando su esposo parece prestar más atención a la hija que a ella. Puede ser también la razón por la que algunas madres intentan desdibujar los límites entre los amigos de su hija y los propios. Incluso puede ser la razón por la que una madre puede intentar seducir al novio de su hija (¡a su salud, señora Robinson!). La transferencia percibida de la sexualidad muchas veces es subconsciente y, por ende, difícil de identificar, por no mencionar lo difícil que es para la madre reconocerla. Una mujer debe ser completamente veraz y no engañarse respecto a su vida para ver las señales de esta ponzoñosa percepción.

Ahora que comprendes cómo funciona este fenómeno, examinaremos un par de ejemplos de cómo se manifiesta en la vida de madres e hijas.

## Stephanie y Liza

Stephanie, una mujer divorciada de cuarenta y un años, llamó para pedir una cita para ella y su hija de diecinueve años, Liza. En vista de que las dos eran mujeres adultas, me pareció apropiado que ambas asistieran a la reunión inicial. Esto me permitiría observar sus interacciones y determinar los siguientes pasos. Lo único que sabía por aquella llamada inicial eran sus edades y que el problema que querían tratar era de índole sexual.

El día de la reunión, madre e hija llegaron por separado. Aunque vivían juntas y las dos venían de su casa, no se dirigían la palabra y no toleraban siquiera ir juntas en el automóvil a mi consultorio. Estaban en una grave posición de espalda contra espalda.

Stephanie fue la primera en llegar. Si hubiera existido algún brillo en su mirada, su atuendo y el peinado con que llegó (ambos de hace una década) habrían pasado inadvertidos. En cambio, se veía pasada de moda y tenía un aire de tristeza y cansancio innegable. Sin perder ni un momento, se dirigió a un sillón y se dejó caer en él, como si esta sola acción le produjera algún tipo de alivio. Algunos minutos después llegó Liza, llena de energía y confianza en sí misma. Su atuendo bohemio e informal también reflejaba su seguridad. Aunque era pequeña de estatura, todo en ella parecía grande: su personalidad, sus opiniones, su pasión. No era ninguna tonta. Liza se dio cuenta que su madre se encontraba ahí sentada y, sin dudarlo, tomó la silla vacía que estaba junto a su madre y la empujó lo más lejos de ella que permitió el espacio del consultorio. Por fortuna, sólo era un metro y medio.

Se hizo un silencio absoluto en la habitación. Unos minutos después, comencé a hablar.

Dr. Sophy: Entonces, ¿no se dirigen la palabra?

Ambas negaron con la cabeza.

Dr. Sophy: ¿Cómo compartieron la información sobre esta cita?
Liza: Nos enviamos un mensaje de texto por el celular.

Cuando una pareja madre-hija llega a verme y se encuentra en la posición de espalda contra espalda, en especial si no se hablan, comienzo por darles una breve explicación general de la estrategia de las sillas. Hice esto con ellas y de inmediato establecí las reglas de conversación.

Dr. Sophy: ¿Se dan cuenta por qué están en una posición de espalda contra espalda?

Ambas asintieron.

Dr. Sophy: Liza, ¿te diste cuenta de que literalmente llegaste y moviste tu silla lo más lejos posible de tu madre?

Asintió y sonrió burlonamente.

Dr. Sophy: Por lo tanto, nuestra primera meta el día de hoy será lograr que vuelvan a hablarse y cambien a una posición cara a cara para analizar su conflicto. ¿Comprenden?

Las dos asintieron, esta vez en total acuerdo. Levanté mi letrero desgastado de las reglas de conversación:

Stephanie propuso un movimiento de la mano como señal; Liza accedió y asintió. Después de una pausa larga y silenciosa continué:

Dr. Sophy: ¿Quién quiere empezar?
Liza: Yo.

La madre aceptó.

> **Las reglas de conversación**
>
> 1. Escucharse mutuamente con respeto.
> 2. No hablar cuando la otra persona lo hace.
> 3. Dejar que la otra persona termine de hablar, incluso si no estás de acuerdo.
> 4. Establecer una señal (un guiño, un movimiento de la mano) que permita saber a la otra persona que te gustaría tomar la palabra.

Dr. Sophy: Adelante, por favor.

Liza: Bueno, Dr. Sophy, el problema es básicamente que esta señora (señalando a su madre) me trata como si fuera una niña y ya estoy harta de eso. (Pausa) Ah, por cierto, creo que esto será una gran pérdida de tiempo.

Aunque seguía molesta, ahora se hallaba en una posición cara a cara. Liza se volvió a ver a su madre, que tenía los ojos llorosos en ese momento. Stephanie levantó la mano.

Stephanie: Apenas tienes diecinueve años y sigues viviendo en casa. ¡Yo soy la madre aquí, tú eres mi hija, y eres demasiado joven para tener relaciones sexuales!

Liza: No, no soy una niña, ¡soy adulta! ¿No te has dado cuenta? ¡Tengo diecinueve años! Voy a ir a la universidad y sí, tengo relaciones sexuales. Y, ¿qué crees, mamá? ¡Me encanta!

La madre se encogió, compungida.

Liza: ¿Por qué no puedes apoyarme en eso?

Stephanie: ¿Qué dices? ¿Cómo podría apoyar eso? Apenas tienes diecinueve años, y (dirigiéndose a mí) ¡se acuesta con los muchachos con los que sale por primera vez! ¡Es peligroso! Dígale, doctor Sophy. Dígale por qué es peligroso. Ella no me cree.

Liza: Esto es una locura. ¿Qué estoy haciendo aquí?

Dr. Sophy: Primero que nada, restablezcamos las reglas de conversación.

Levanté de nuevo el letrero.

Dr. Sophy: Ahora, en respuesta a tu petición de que le hable a tu hija de seguridad, supongo que habrán conversado antes al respecto. Ésa no es mi labor el día de hoy. Sin embargo, las puedo ayudar con el verdadero trabajo que necesitan realizar para que puedan comunicarse respecto a este tema y también en general.
Liza: Mamá, escúchame. Me acosté con un muchacho en la primera cita sólo en una ocasión. Y además practico sexo seguro. Tú lo sabes.

Era evidente para mí que la madre sabía que Liza practicaba sexo seguro (sin importar si ella era responsable o no de haberle enseñado esto) e intentaba utilizar ese argumento para ganarme como aliado.
La madre se volvió hacia mí.

Stephanie: ¡Dejó un condón en el baño del cuarto de visitas! ¡Qué lindo detalle! ¿No le parece, doctor Sophy?
Liza: Ay, por favor, ¿entonces preferirías que no usara condones?

Liza me miró.

Liza: ¡Lindo! ¿No le parece, doctor Sophy?
Stephanie: ¡Basta ya! ¡No sigas, Liza!
Liza: ¡No, ya basta contigo, madre! Tal vez si te acostaras con alguien de vez en cuando no serías tan estricta.

Las emociones exaltadas y la falta de respeto las hicieron volver a la posición de espalda contra espalda.
Luego guardaron silencio.

Dr. Sophy: Un momento, por favor. Miren sus sillas. ¿Ven que han regresado a la posición de espalda contra espalda?

Transcurrió un minuto en el que ninguna de las dos dijo nada. La madre comenzó a llorar inconsolablemente.

Liza: Está bien, mamá. Acepto que no tenías por qué ver el condón. Discúlpame por eso, pero me niego a pedir perdón y mucho menos a sentirme culpable por tener relaciones sexuales.

La madre era un desastre, estaba muy alterada por las acciones de su hija. Y Liza se sentía muy bien respecto a lo que hacía. De hecho, había tomado las debidas precauciones y había utilizado tanto un condón como pastillas anticonceptivas (según me enteré después); había actuado con responsabilidad hacia ella y su cuerpo. (Haber olvidado el condón en el baño era otro tema, y en ese momento no estaba seguro de que había sido realmente sin intención.)

Les pedí hablar treinta minutos con cada una de ellas a solas, empezando por la madre. Durante este tiempo, la hija se quedó en la sala de espera.

## *Stephanie*

Obtuve mucha información importante acerca de Stephanie durante el tiempo que pasamos juntos. Se casó con su novio de la preparatoria cuando tenía diecinueve años (curiosamente la edad actual de Liza) y se divorció diez años después. Durante el matrimonio, tuvieron dos hijas. Liza, la primogénita, que tenía siete años en el momento del rompimiento, y su hermana, Renee, que tenía tres años. Stephanie y su exmarido compartían la custodia de sus hijas, aunque la madre era la principal cuidadora. Desde el divorcio, Stephanie no había salido ni una sola vez con otro hombre y pretextaba: "No tengo tiempo ni interés". Pese a esto, en los últimos meses, una de sus amigas más cercanas había renovado esfuerzos para tratar de que saliera de la casa, que se inscribiera en un grupo de algún tipo, tal vez en un servicio de citas en línea, para que cuando tuviera más tiempo en el otoño (cuando Liza se fuera a vivir a la universidad), hiciera más vida social. Stephanie lo estaba pensando. Una de las razones por las que a Stephanie se le ocurrió buscar ayuda con Liza era para que pudiera criar "mejor" a Renee o, por lo menos, de forma diferente.

Como de costumbre, revisamos su lista de S.W.E.E.P.

Sueño: Stephanie no había dormido bien en más de tres semanas, debido al enojo y preocupación que le provocaba la difícil situación con su hija. En general, no le gustaba nada de su habitación: las sábanas eran viejas, el escritorio se encontraba desordenado. Pasaba el menor tiempo posible en su habitación.

Trabajo: Trabajaba en la misma empresa desde hacía quince años y, en general, se sentía a gusto y contenta. Estaba segura de que ese trabajo sería suyo toda su vida y, por lo tanto, su seguridad financiera nunca tendría que depender de un hombre. Aunque no ganaba tanto como le gustaría, su trabajo ofrecía buenas prestaciones, como un generoso plan de jubilación.

Alimentación: Liza y ella rara vez comían juntas. Liza era una estudiante universitaria que pasaba todo el día en la escuela con sus amigos hasta que anochecía. Debido a que Renee tenía una gran variedad de actividades después de la escuela, las dos cenaban juntas sólo de vez en cuando. Stephanie había aumentado casi cinco kilos de peso en los últimos seis meses. Estaba pasando por un proceso de perimenopausia prematura.

Expresión emocional del ser: Como era lógico, Stephanie no tenía ningún tipo de intimidad sexual, pero tenía un grupo de amigas cercanas con quienes sentía una profunda conexión emocional.

Diversión: Dejaba muy poco tiempo para la diversión. Se dedicaba por completo al trabajo. Antes le gustaba coser y disfrutaba de confeccionar vestidos para sus hijas, pero ya lo había dejado. El ejercicio no era parte de su vida.

Con base en el corto tiempo que pude hablar con Stephanie, estaba claro que atravesaba por una transferencia percibida de sexualidad con su hija. Los remordimientos de Stephanie y sus necesidades insatisfechas, que eran resultado de su limitada experiencia sexual, estaban obstaculizando su relación con Liza. Como sucede a menudo, la TPS apareció en una época en que Liza necesitaba con urgencia las enseñanzas y guía de su madre, al convertirse en una joven mujer sexualmente activa. Stephanie no era capaz de ofrecerle eso, por supuesto, porque estaba paralizada por sus propios problemas.

Dr. Sophy: ¿Estás celosa de Liza?

Meditó un momento. Los ojos se le llenaron de lágrimas en lo que ambos reconocimos como una aceptación.

Stephanie: Sí.

En este momento Stephanie comenzó a entrar en contacto con su pérdida percibida. En cierto sentido, estaba resentida con Liza y la veía como la razón por la cual su vida se había vuelto tan vacía. Una vez que empezó a reconocer la competencia subconsciente que tenía lugar entre su hija y ella, pudo enfrentarse a ella con sinceridad para tratar de resolverla. De esta manera, podía ver a Liza como una oportunidad, un cambio que ella, como madre, debía realizar.

En el caso de Stephanie, reconocer los celos que sentía por Liza fue el primer paso. Como una mujer adulta, Stephanie había sentido celos de vez en cuando o incluso una sana competencia, pero sólo con mujeres de su misma edad. El momento de revelación más importante llegó al final del periodo que trabajamos juntos, cuando Stephanie se dio cuenta de que la edad de Liza (diecinueve, la misma edad que Stephanie tenía cuando se casó con el padre de Liza) era fuente de dolor no sólo porque su hija estaba creciendo, sino porque le hacía ver más claro que nunca lo joven e ingenua que ella había sido cuando asumió ese compromiso tan serio (en sesiones posteriores, tratamos a fondo este asunto).

Stephanie nunca tuvo la oportunidad de experimentar la vida como una mujer independiente, mucho menos una vida sexual libre. Debido a que pasó de salir con su novio de la preparatoria a casarse con él, la vida de su hija le causaba muchas inquietudes en varios niveles. A nivel subconsciente estaba enojada y resentida por la oportunidad que tenía su hija de experimentar y disfrutar de la vida como ella nunca había podido. Lo que empeoraba las cosas para Stephanie era la idea de que tal vez era ya demasiado tarde para que ella tuviera intimidad y romance en su vida. Quizá ya era demasiado vieja. Desde su punto de vista, ahora era el tiempo de su hija, y el suyo había pasado. Le pedí a Stephanie que comenzara a examinar esta situación, y sutilmente le dejé entrever que era muy importante que encontrara la forma de satisfacer sus necesidades personales. Stephanie tenía más que tiempo suficiente (después de todo, apenas tenía cuarenta y un años) para comenzar una nueva vida y salir con otros hombres.

Lo primero que Stephanie y yo examinamos concerniente a Liza fue si existía una razón legítima para que ella, como madre, estuviera preocupada por la actividad sexual de su hija. En lo que se refiere a este punto, mi opinión era que no se trataba de un problema real, ya que Liza parecía actuar con mucha responsabilidad en cuanto al sexo.

Mientras tanto, conversé con Liza.

## Liza

El primer ejercicio que realicé con Liza, como de costumbre, fue examinar los componentes de su lista S.W.E.E.P. Ésta es la información que obtuve:

> Sueño: Liza dormía bastante bien, aunque la universidad la estresaba un poco. Como su madre, no le gustaba su cama ni sus sábanas. Al parecer, las camas y la ropa de cama eran viejas y no las habían cambiado en mucho tiempo. Nunca habían considerado que el sueño fuera una actividad importante.

> Trabajo: Como estudiante de primer año en la universidad, Liza era muy dedicada en la escuela. Le importaban sus calificaciones y trabajaba arduamente. Sus calificaciones eran buenas y estaba completamente centrada en su meta de llegar a ser periodista.

> Alimentación: Liza tenía hábitos alimenticios saludables y acostumbraba quedarse en el campus todas las tardes a comer con sus amigos.

> Expresión emocional del ser: Aunque no tenía una relación formal, era sexualmente activa. Me sorprendió mucho la forma tan abierta en la que expresaba sus opiniones, ya fuera sobre la separación de sus padres, las deficiencias de Stephanie como madre o los intentos de su padre por mantenerse cerca de ella y su hermana, a pesar de las interferencias de Stephanie.

> Diversión: A Liza y a sus amigos les gustaba reunirse a hacer ejercicio e ir al cine. Liza también disfrutaba de correr y realizar todo tipo de actividades al aire libre. Esto le ayudaba a concentrarse en la escuela y a reducir el estrés siempre que lo necesitaba.

En general, Liza parecía ser una chica equilibrada, segura de sí misma y con dirección en la vida. Era muy feliz, pero admitía sentirse triste por la situación de su madre. Pensaba que su madre estaba muy sola y que había pasado la última década de su vida sin "hacer nada". En la conversación, Liza afirmó no saber qué hacer para ayudar a su madre.

> Liza: Sé que mi madre me ama, pero es demasiado sobreprotectora, y cada vez es más difícil de sobrellevar.

En ese momento le pedí a Stephanie que nos acompañara para que pudiéramos terminar la primera sesión juntos. Quería que ambas salieran de mi consultorio en una posición cara a cara y que pudieran mantenerla hasta nuestra siguiente sesión, que sería dentro de dos semanas. Mientras esto ocurría, sus tareas eran:

- Comunicarse utilizando solamente las reglas establecidas en la sesión, y respetuosamente dejar de hablar si no podían seguir las reglas.
- Tener una charla cara a cara sobre sexo. Quería que tuvieran una actitud abierta cuando hablaran de información vital sobre la actividad sexual, el sida y otras enfermedades de transmisión sexual, y el control de la natalidad. Una tarea adicional de la madre fue que viera a Liza no sólo como a la hija que amaba, sino como una mujer por derecho propio.
- Tener una charla cara a cara sobre la naturaleza de las relaciones íntimas con el sexo opuesto, en específico, sobre el componente emocional. Liza nunca había presenciado una relación de amor entre sus padres, y tampoco había visto a su madre salir con ningún hombre después del divorcio. Aunque las experiencias de Stephanie en esta área eran limitadas, madre e hija tenían que conectarse en estos temas.
- Hacer saber a la otra persona que confiaban en su juicio y respetaban las decisiones de cada una, independientemente de si estaban o no de acuerdo.
- Cenar juntas por lo menos una vez a la semana. Renee también podía ir.
- Demostrarse afecto una a la otra de alguna forma antes de salir de mi consultorio.

Una vez que quedaron claras sus tareas, las dos se abrazaron (una evidente señal positiva) y salieron de mi consultorio.

## Dos semanas después

Liza y Stephanie llegaron juntas a mi consultorio. Después de saludarme, tomaron sus sillas (que yo intencionalmente había colocado lejos una de otra para ver si las cambiaban de lugar) y las pusieron juntas. Me agradó mucho observar eso. En seguida me pusieron al tanto de sus actividades en las dos semanas transcurridas.

- Habían salido a cenar y fueron al cine (las dos solas) en la primera semana. En este tiempo habían tenido una buena conversación acerca de los aspectos emocionales del sexo y las relaciones sexuales en general. Durante casi toda su vida adulta, Stephanie había creído que estar enamorada era un requisito indispensable para tener relaciones sexuales (o que así debería ser). Aunque estaba tratando de ampliar su perspectiva, seguía esperando que Liza adoptara esta actitud.

Stephanie también habló acerca de cómo, en los primeros años de su matrimonio, la seguridad física y emocional de una relación monógama le habían permitido experimentar mayor intimidad con su esposo. Aunque Stephanie creía anteriormente que sus reacciones ante el comportamiento de Liza surgían de su deseo de protegerla, comenzaba a darse cuenta, aunque dolorosamente, de que su respuesta se debía, en parte, a sus celos inconscientes. La verdad era que Stephanie había tratado de privar a Liza de experiencias que ya no creía poder tener ella misma.

- En la segunda semana habían salido temprano por la mañana a caminar; durante ese paseo hablaron en detalle sobre los aspectos físicos del sexo, entre ellos, los riesgos de las enfermedades de transmisión sexual. Stephanie habló acerca del factor de seguridad física de tener un número limitado de parejas sexuales, así como de la importancia de confiar en la pareja, no sólo en lo concerniente al sexo, sino en otras cuestiones también.
- Hicieron un pacto de que una vez a la semana realizarían juntas alguna actividad: una caminata, un paseo en bicicleta, etcétera, mientras continuaban con sus conversaciones.
- Liza tuvo relaciones sexuales una vez durante esas dos semanas (y practicó el sexo seguro). Por vez primera pudieron hablar abierta-

mente sobre sexo gracias al trabajo que habían realizado juntas. Stephanie empezó a comprender la actitud de Liza sobre la libertad sexual. Esto hizo que Liza se sintiera mucho más cerca de su madre, ya que por fin sentía que su madre la respetaba no sólo como hija, sino también como mujer. Al hablar de forma un poco más abierta acerca de sus experiencias íntimas, Stephanie pasó de no querer saber nada de lo que su hija hacía a querer estar informada como un medio de unión con su hija y para enriquecer su conexión.

Stephanie se inscribió en un círculo de lectura.

Éstas fueron las primeras señales de lo que posteriormente llegó a ser una sólida posición lado a lado para ellas dos. La madre tuvo que realizar todo el trabajo inicial que tú has tenido que hacer. Tanto ella como Liza incorporaron la lista S.W.E.E.P. a sus vidas. Además, la madre trabajó con empeño en el ejercicio de Primera mirada, relativo a la experiencia del nacimiento de su hija, así como en el ejercicio de Necesidades satisfechas (como tú te esforzaste en la parte uno). Una vez que comenzó a incorporar la lista S.W.E.E.P. a su vida y a ocuparse de sus necesidades, pudo trabajar con la transferencia percibida de la sexualidad. Ahora que Liza se estaba transformando en una mujer adulta, su madre finalmente empezó a cuidar de sí misma. También pudo relajarse y dar a su hija la libertad de ocuparse de sus propias necesidades. En muchos sentidos, ambas estaban creciendo y transitando hacia la adultez, y no han dejado de trabajar en su relación.

## Sue y Stella

Hace más o menos un año, el servicio que atiende mis llamadas en mi ausencia me informó que había recibido tres llamadas de la misma persona en menos de media hora. En ese momento era prácticamente imposible localizarme porque me encontraba en la sala de urgencias de un hospital con otro paciente. La aprensiva persona que llamaba se rehusó a dejar su número telefónico hasta el cuarto intento por comunicarse conmigo. Cuando pude devolver la llamada, me contestó una voz casi histérica. Por tercera ocasión, una madre había sorprendido a su hija de doce años vomitando después de la comida. Desesperada por conseguir orientación, la madre, Sue, me preguntó si podía recibir a su hija Stella lo más pronto posible. Una vez que me aseguré de que no había necesidad de una intervención crítica, le pedí a la madre que fuera a mi consultorio a las cuatro de la tarde del día siguiente.

—¡Es a mi hija a quien tiene que ver, no a mí! —insistió—. ¿No lo entiende?

Comprendía perfectamente, mucho más de lo que podía comentar en ese momento. Después de insistir varios minutos, la madre accedió a verme al día siguiente. Algunas horas después, llamó a mi servicio telefónico y canceló la cita, aduciendo que era debido a un problema de horario. La llamé de inmediato y concertamos otra cita para el final de la semana. Una hora antes de la cita, volvió a cancelar. Esa noche le llamé y expliqué que si verdaderamente era prioritario para ella darse tiempo para brindar ayuda a su hija, necesitaba comprometerse con las horas convenidas de las citas. Ella insistió en que sí era una prioridad, volvimos a fijar una fecha, y otra vez canceló la cita la noche anterior.

Tuvimos otra ronda de esta especie de baile de cancelaciones. A menudo sucede así con las personas que no están preparadas para enfrentar sus problemas. Si te preguntas por qué sigo siendo tan accesible con estas personas que parecen no tener ningún respeto por mi tiempo y esfuerzo, es porque sé que su resistencia es parte de los problemas que tienen que resolver. Me buscan, en primer lugar, debido a que en cierto sentido saben que necesitan ayuda. De lo que no se dan cuenta es de cuánta ayuda necesitan en realidad. Estaba seguro que esto era lo que pasaba con Sue.

La mañana de su cita a las ocho, me senté a mi escritorio y estuve leyendo mientras esperaba a que llegara mi paciente. A las 8:23 de la mañana no había señales de ella ni tampoco una llamada para avisar que se le había hecho tarde. A las 8:25 entró en mi consultorio.

Sue: Disculpe la tardanza, doctor Sophy. ¡Había una cola inmensa en Starbucks!

Definitivamente no era la explicación que uno espera oír de un paciente, en especial si se trata de alguien que viene por primera ocasión y tiene un largo historial de cancelaciones. Sue era muy alta y delgada. La bolsa grande de alta costura que llevaba cruzada al pecho sólo servía para resaltar su figura delgada. Iba bien arreglada, pero no estaba maquillada, y llevaba el cabello grueso y oscuro recogido en una cola de caballo, lejos de su rostro cincelado. Tenía las facciones de una belleza clásica de antaño, pero pensé que el Botox había dejado muy pocas arrugas para enmarcar sus ojos azul claro.

>Dr. Sophy: Me da gusto que haya llegado. Para la próxima ocasión, le agradeceré que me llame para saber que viene en camino.
>
>Sue: Está bien. Comprendo.
>
>Dr. Sophy: Tomemos asiento, ¿sí?

Tomó asiento, se quitó el bolso y puso el vaso grande de café sobre el escritorio.

>Sue: Por cierto, quiero que sepa que sí pensé en llamarle desde Starbucks, pero dejé mi teléfono en el auto y mi chofer estaba dando vueltas a la cuadra; por eso no podía ir por él. Usted entiende.

Ah, sí, claro que entendía.

Comenzó por darme información sobre su hija. Hace algunas semanas había sorprendido a Stella vomitando en el baño después de cenar. Stella insistió en que había comido demasiado y se sentía muy llena.

>Dr. Sophy: ¿Y usted se sintió satisfecha con esa respuesta?
>
>Sue: Sí, había comido mucho esa noche y debía estar muy llena en realidad.
>
>Dr. Sophy: ¿Es algo reciente que Stella coma mucho?
>
>Sue: No precisamente.
>
>Dr. Sophy: ¿No podría ser (pregunté con amabilidad) que usted se hubiera sentido más que satisfecha después de comer esa cantidad, o realmente cree que Stella estaba llena?
>
>Sue: Sin duda alguna, Stella estaba llena. Lo sé.

Mis preguntas eran una forma de lanzar el anzuelo, y la madre no lo picó, o quizá no podía admitir la posibilidad de que hubiera otra explicación para las acciones de Stella.

Seguimos adelante. La madre continuó contándome de esa semana en particular. Sorprendió a Stella vomitando de nuevo, y cuando le preguntó a su hija al respecto, obtuvo la misma respuesta. En ese momento la madre empezó a observar con más atención a su hija y volvió a sorprenderla vomitando de nuevo, unos días después. Era la tercera ocasión, y cuando Sue le volvió a preguntar a su hija qué pasaba, las cosas no tardaron en ponerse feas.

Dr. Sophy: ¿Qué le dijo a Stella? ¿Lo recuerda?

Sue: Le dije: "¡No te atrevas a volver a hacerlo!". Stella comenzó a llorar y prometió no hacerlo de nuevo, y a decir verdad, creí que habíamos dejado atrás el asunto.

En seguida empezamos a revisar la lista S.W.E.E.P. de la madre. Ésta es la información que obtuve:

Sueño: La madre no tenía ninguna dificultad para conciliar el sueño o mantenerse dormida. Aseguró que despertaba cada mañana sintiendo que había descansado bien.

Trabajo: Aunque había sido modelo de rostro que tuvo cierto éxito, había dejado de trabajar algún tiempo atrás por elección propia. Tenía la esperanza de volver a trabajar algún día en el mundo de la moda, pero afirmó que, por el momento, su hija era prioridad.

Alimentación: La madre disfrutaba de comer, pero le costaba mucho trabajo mantener su peso de modelo. Aunque compraba comida sana, tenía debilidad por las golosinas, que de vez en cuando se daba el lujo de comer. Le gustaban las comidas ligeras y prefería mordisquear la comida.

Expresión emocional del ser: La madre era de ese tipo de personas que narran sus emociones casi todo el tiempo. Te hacía saber en todo momento si estaba contenta, triste o frustrada con lo que estuviese sucediendo. Cuando le pregunté sobre la relación con su esposo, y en concreto sobre su vida sexual, evadió la pregunta.

Diversión: La madre se cuidaba mucho. Disfrutaba con frecuencia de hacerse tratamientos faciales, masajes y salir a comer con sus amistades. Entre semana, casi todos los días jugaba tenis o tomaba clases de Pilates, lo que implicaba no poder ir a recoger a su hija a la salida de clases.

En general, lo que Sue describió parecía ser un sólido perfil S.W.E.E.P., y también daba la impresión de tener una relación estable con su esposo, familia y amigos. Sin embargo, intuí que la madre era una mujer acostumbrada a salirse con la suya. Las respuestas a mis preguntas sobre su matrimonio me indicaron que tendría que seguir indagando para descubrir qué estaba sucediendo en realidad. Finalmente, en lo que se refería a mantenerse activa y tratar de comer "sano" para conservar su "peso de modelo", me pregunté si estos esfuerzos serían para que ella fuera feliz, para que su esposo fuera feliz, o para seguir acaparando la atención de otros, o tal vez un intento por mantener el control sobre algo en su vida, ya que era evidente que no tenía control sobre su esposo ni sobre su hija. Me pregunté cómo se desenvolvería todo esto más adelante en terapia.

Luego, cuando conversamos sobre la lista S.W.E.E.P. de Stella, y aunque a la madre le agradaba la idea de cuidar de estas áreas por Stella, en su opinión, la alimentación era lo único que le preocupaba, si bien era cierto que era un problema grave. La madre pensaba que Stella descansaba lo suficiente, le gustaba ir a la escuela, tenía buenas calificaciones, le encantaba salir con sus amigos y tenía muchas áreas de interés. También comentó que Stella tenía lazos fuertes con sus amigos y su familia.

Para terminar la sesión, la madre expresó su convicción de que el vómito de Stella era un problema aislado. Era la única cuestión "imperfecta" en la vida de su hija y punto.

Sue: Entonces, ¿cómo solucionamos el problema?

Le respondí que me gustaría ver a Stella, de preferencia en esa misma semana. Ella accedió y concertamos una cita para dos días después.

Cuando Stella llegó a mi consultorio vestía ropa oscura y holgada. Su rostro tenía la belleza clásica de la madre, pero la preadolescente tenía probablemente entre 2.5 y 5 kilos más de su peso ideal, aunque sin duda dentro del rango aceptable para una niña de doce años. Las mejillas sonrosadas, largas coletas y su postura extraña la hacían verse más joven de lo que era. Parecía dubitativa. Aunque era evidente que sabía que había una razón por la que se hallaba en el consultorio de un psiquiatra, no estaba segura de lo que vendría después.

Después de charlar unos minutos, le pregunté sobre las diferentes áreas de su lista S.W.E.E.P. Sus respuestas dieron un perfil muy diferente del que la madre había descrito.

Sueño: La mayoría de las noches Stella tenía dificultad para conciliar el sueño, y una vez que se quedaba dormida, sólo tenía cuatro o cinco horas completas de descanso cada noche.

Trabajo: Aunque iba bien con sus labores escolares y sus calificaciones eran buenas, empezaba a sentirse exhausta emocional y físicamente por la cantidad de energía que sostener este nivel de actividad requería. Seguía haciéndolo, ya que todo el mundo esperaba eso de ella. Mencionó que en realidad a ella no le interesaba nada de eso.

En este punto comprendí que necesitaba explorar más su apatía para determinar hasta qué grado la afectaba. ¿Estaba simplemente aburrida de la escuela, o estaba deprimida?

Alimentación: Comentó que en ocasiones, después de comer con su familia, se sentía tan llena que vomitaba para aliviarse. Sin embargo, no experimentaba esta sensación cuando comía con sus amigos, con los que le gustaba comer.

Expresión emocional del ser: Stella se mostró un poco tímida e introvertida cuando hablamos, pero mencionó que era más abierta con sus amigos. Por sus respuestas, me quedó claro que no había llegado aún a la etapa en que le interesara ampliar sus horizontes sociales para incluir a los muchachos.

Diversión: Tenía pocos amigos cercanos, pero se había alejado de ellos últimamente. No le gustaba hacer ejercicio.

Stella pasó la mayor parte de la sesión intentando convencerme de que su madre era la que necesitaba ayuda. Cada vez era más patente que se necesitaría tiempo para tener una imagen clara de la situación; por lo tanto, cuando Sue se reunió con nosotros al final de la sesión, les dije que si querían mi ayuda, era fundamental que me permitieran observarlas interactuar en su propio ambiente. Ambas aceptaron y expliqué entonces que para que una visita a su hogar me mostrara cómo era su vida cotidiana real, era crucial que todos se comportaran como siempre y no trataran de guardar las apariencias debido a mi presencia. No debían considerarme un invitado, sino como un mueble con derecho a hablar.

Propuse presenciar una cena familiar, no sólo porque el síntoma de la hija se relacionaba con la comida, sino también porque toda la experiencia de la cena era una constante en su vida, ya que la familia se reunía a cenar casi todas las noches. Stella mencionó que ese momento particular del día le resultaba muy estresante desde que era pequeña.

### La visita al hogar

Llegué algunos minutos antes de nuestra cita a cenar a las 6:30 de la tarde, dejando sólo el tiempo necesario para intercambiar un breve saludo y hacer una lectura rápida del ambiente. La madre, muy bien arreglada, abrió la puerta. Cualquiera creería que la madre iba vestida de esa manera por alguna reunión anterior que había tenido ese día o que asistiría a una fiesta de gala más tarde. Como sospeché, ninguna de esas dos suposiciones era cierta. En realidad, como les había pedido, la madre se comportaba exactamente como era y se había vestido como lo haría cualquier otra noche, luciendo como si un equipo de cámara fuera a aparecer en cualquier momento.

Saltaba a la vista que a la madre le encantaban las sesiones fotográficas. Había fotografías enmarcadas de ella por toda la entrada y en la pared junto a las escaleras. Muchas de las fotografías eran sólo de ella; en otras aparecía al lado de algún personaje notable. Casi no había fotos del esposo o de Stella, y las que vi, eran imágenes viejas de cuando Stella era bebé. Mantener actualizadas las fotografías enmarcadas es una tarea pesada, pero la ausencia de fotografías de la única niña de la casa me pareció muy significativa.

Poco después bajó el esposo, vestido con pantalones informales y camisa. Stella iba tras él, con el uniforme de la escuela todavía puesto. Aunque Stella se mostró amigable, el padre habló muy poco. El silencio incómodo del padre fue más que elocuente. Parecía molesto con la idea de someter a su hija a este tipo de examen en su propia casa, y sus acciones oscilaron entre colmar de atenciones a su esposa y preocuparse por su hija. Sin duda, las amaba a las dos.

La cena comenzó. Como acostumbraban, la cena tuvo lugar en el comedor, y todos ocuparon sus lugares habituales: la madre se sentó a la cabecera, el padre a su izquierda y Stella frente a él para poder verse unos a otros. Cuando me senté al otro lado de la mesa, directamente frente a la madre, noté su expresión de incomodidad.

## Visitas a domicilio

Realizo visitas al hogar de mis pacientes por muchas razones. En ocasiones, visito una casa para adaptarme al horario muy apretado de una familia. En otras ocasiones, la información que obtengo de observar en silencio a una persona en su propio ambiente me sirve para adecuar su plan de tratamiento. Finalmente, a veces realizo visitas a domicilio con el fin de participar en las actividades familiares e, idealmente, experimentar en forma directa lo que sólo he oído en terapia.

Aunque muchos profesionales (y no profesionales) rechacen las visitas a domicilio por considerarlas polémicas o tabú, son muy eficaces para obtener nueva información sobre una familia. Los profesionales de la salud mental tradicionalistas consideran que su papel en la terapia debe ser mínimo, y que es el paciente quien debe realizar la mayor parte de la comunicación, tanto verbal como no verbal. Para estos profesionales, su labor consiste en interpretar lo verbal. Muchos consideran que cualquier cosa que vaya más allá de una pregunta ocasional o una leve sugerencia del doctor es traspasar los límites. Para aquellos que tienen este tipo de mentalidad, una visita a domicilio resulta inaceptable. ¡Estoy totalmente en desacuerdo!

Las visitas al hogar, aunque poco ortodoxas, han producido resultados exitosos para mis pacientes una y otra vez, en particular para madres e hijas. Sí, las visitas a domicilio pueden ser muy intensas y explosivas, pero al mismo tiempo no ofrecen absolutamente ningún riesgo, ni emocional ni físico. La razón es porque yo estoy ahí, guiando el proceso. Es la forma perfecta de que una familia confronte sus problemas bajo su propio techo, el mismo lugar de donde probablemente surgieron.

Su cocinero les preparó una cena deliciosa y saludable. Después de unos minutos, los tres conversaron como lo hacían de forma usual a esa hora, y cada uno contó algo de las actividades que habían realizado durante el día. Escuché en silencio y los observé.

A lo largo de la conversación, la madre vigiló la cena de Stella, de forma sutil al principio. Cuando Stella pidió una segunda ración de papas, la madre fulminó con la mirada a su hija. Aunque Stella no dijo nada, siguió mirando a la madre en espera de alguna seña de aprobación. No la obtuvo, pero luego llegó el postre.

El cocinero llevó entonces un pastel de chocolate. Stella y su padre pidieron una rebanada. Como era de esperar, la madre talla cero no tocó el pastel. Stella se abalanzó sobre el pastel mientras la madre trataba de contener su creciente desaprobación.

> Madre: ¿Vas a comer todo eso, cariño?
> Stella: Sí, ¿por qué?
> Madre: Es sólo que es un pastel muy pesado.
> Stella: Sí, pero está muy rico.

La angustia se reflejó en la cara de Stella mientras comía otro bocado, uno grande. Con éste, vino una mirada penetrante y crítica de la madre. Era claro que la madre no quería que Stella comiera pastel. Sin inmutarse, la madre tomó su tenedor, lo acercó al plato de Stella y empezó a comer el pedazo restante del pastel de su hija. Ésta era una oportunidad ideal (y bien calculada) para intervenir en la discusión.

> Dr. Sophy: Caramba, ¿quién sería capaz de no comerse todo su pastel de chocolate?

Stella se encogió de hombros y bajó la mirada.

> Dr. Sophy: Apuesto a que quisieras acabártelo.

Stella se volvió a encoger de hombros y continuó con la mirada baja, reprimiendo las ganas de llorar. Hubo un momento de silencio, mientras Stella luchaba con lo que yo supuse que era una mezcla de angustia, tristeza, vergüenza y enojo. Por lo general, Stella se atiborraba de estos sentimientos, a través de la comida, y los vomitaba después. Lo que yo quería de ellos, de todos ellos, era que comprendieran lo que estaba sucediendo.

> Dr. Sophy: Stella, por favor diles a tus padres lo que estás sintiendo ahora mismo.
> Stella: ¿Qué caso tiene?

Se levantó para marcharse.

> Dr. Sophy: El caso es que ellos tienen que saber cómo te sientes.

Stella continuó mirando la mesa, y la madre parecía perpleja, aunque yo no creía que no tuviera idea de lo que ocurría. La madre comprendía más la situación de lo que estaba dispuesta a admitir. Esta dinámica parecía muy común para todos los que estaban sentados a la mesa.

Le expliqué a Stella que era muy importante que no se marchara para que pudiéramos analizar la situación. Entonces me miró, indefensa. Cruzamos una mirada y sin decir una sola palabra, me transmitió con toda claridad este mensaje: "Es horrible, doctor Sophy, pero ni modo". Stella dejó escapar un suspiro y tomó asiento de nuevo. De hecho, este pequeño gesto de volver a sentarse fue algo trascendente, porque allí, en su propia casa, y en medio de lo que para ella era la fuente principal de estrés, angustia y tristeza (el comedor familiar), confió en el proceso y en mí. Stella se sintió segura, lo suficientemente segura como para quedarse y para sentir. En última instancia, se sintió suficientemente segura para comunicarse con sus padres.

Parecía que el padre se debatía entre querer consolar a su hija y también a su esposa. Yo esperaba que el padre se acercara a Stella. Ella lo necesitaba.

En ese momento, miré a la madre y al padre y les pregunté qué creían que estaba sucediendo.

Padre: No lo sé, pero Stella se ve muy molesta.

Madre: No tengo idea del porqué está molesta en este momento.

Y mientras la madre fingía estar confundida…

Dr. Sophy: Te voy a dar una pista, mamá. Te comiste su postre.

Padre (dirigiéndose a la madre): Bueno, eso es lo que siempre haces.

Madre: No es cierto. Eso no es verdad.

Stella: Sí, sí lo es, y no sabes cuánto me enfurece.

Lo que acababa de suceder era un momento ideal en términos de la recuperación de la familia. Por primera ocasión, la hija había conectado su mente y su corazón y había expresado sus sentimientos sobre el tema. La madre parecía interesada en los actos de quienes la rodeaban. El padre finalmente mostró una señal de verdadera conexión. En ese momento, tanto el padre como la madre se dieron cuenta de que Stella, a quien habían identificado en un principio como la paciente, era sólo una de los tres pacientes sentados a la mesa del comedor familiar.

Esa cena marcó el inicio del proceso de curación de esta familia. En los meses que siguieron, continué viendo a Stella y a su madre, tanto por separado como juntas. También empecé a ver a la madre y al padre cada varias semanas. Aunque la causa por la que Sue buscó ayuda era el problema de alimentación de Stella, el desafortunado origen de los problemas de esta familia era la transferencia percibida de la sexualidad de la madre a su hija. La madre seguía sintiéndose modelo, aunque no había trabajado frente a las cámaras en más de una década. Y ahí estaba Stella, una adolescente bella y capaz que tenía la vida entera por delante. En la mente de la madre, parecía como si Stella la estuviera superando. El resentimiento de la madre hacia Stella aumentaba, porque se sentía cada vez más amenazada por su hija, quien creía que, de alguna manera, se estaba transformando en la mujer que la madre solía ser (o tenía el potencial de llegar a ser).

Una transferencia percibida de la sexualidad puede envenenar incluso las relaciones más sólidas entre madre e hija. Por desgracia, aunque Stella era sólo una adolescente típica que trataba de hacer su vida, tenía que pagar un precio muy alto por rebelarse para librarse del control de su madre. Y el padre se hallaba paralizado en medio de la situación sin saber qué hacer.

Uno de los aspectos más importantes que Sue comenzó a comprender fue que, en ese momento de su vida, ser madre ya no la satisfacía tanto como antes. Aunque había disfrutado de la gran cantidad de tareas que exige la crianza de una hija, a medida que Stella crecía y necesitaba cada vez menos cuidados, Sue tenía menos que hacer en este trabajo maternal que había escogido y buscaba otras actividades significativas para ocupar su día. Su esposo, que era en realidad un hombre amable y amoroso, estaba totalmente absorto en su trabajo y no se daba cuenta de los problemas que su esposa enfrentaba. La mayoría de las amigas de Sue se hallaban en una situación similar a la de ella; a menudo hablaban en términos generales acerca de lo que querían hacer el resto de su vida, pero ninguna de ellas lo tenía resuelto.

Parte de la razón por la que la maternidad se había vuelto una labor tan poco satisfactoria para Sue era la competencia que sentía con su hija. Estaba tan ensimismada en su pérdida percibida que no tenía el tiempo, la energía o el deseo de dedicarse a Stella. Como resultado, su relación se había deteriorado mucho.

Se necesitó mucho trabajo para llevar a Sue a este punto. A continuación resumo el plan general que preparé para ella y Stella:

- Las sesiones iniciales y la visita a su hogar iniciaron el proceso mediante el cual la madre, el padre y la hija llegarían a comprender sus comportamientos concretos y dinámica familiar. Para la madre, emprendimos el difícil camino para que realizara el trabajo inicial requerido. Les enseñé a ella y a Stella la estrategia de las sillas.
- El primer punto para trabajar fue resolver el problema de los vómitos de Stella. Debido a que todo había quedado al descubierto, ya no corría al baño después de cenar tan a menudo. Aunque continuaría su lucha de toda la vida para lidiar con sus emociones de formas más productivas (como todos lo hacemos), a medida que Stella iba conectando sus pensamientos y sus emociones, finalmente se dio cuenta de la relación entre sus emociones y la comida. Este elemento, una vez bajo control, marcó una gran diferencia en su trabajo escolar, así como en la relación en general con su madre. A decir verdad, los vómitos de Stella eran sólo un efecto secundario; el verdadero problema era la transferencia percibida de la sexualidad de la madre, que estaba afectando a toda la familia.
- Toda la familia continuó revisando su lista S.W.E.E.P. habitualmente.
- Nuestra meta principal era lograr que Stella y su madre transitaran de la posición de espalda contra espalda hacia una posición más sana lado a lado. Se comprometieron a realizar caminatas madre-hija cada semana. Además, debido a que tanto a la madre como a la hija les gustaba escribir, descubrieron que el diario guiado era un modo muy eficaz de comunicación entre ellas. Para empezar este proceso, escribieron sobre un tema sencillo que no suscitaba emociones muy intensas en ninguna de las dos, pero sobre el cual tenían distintos puntos de vista. Sugerí que escribieran sobre una película que ambas hubieran visto. Esta actividad sirvió para romper el hielo y les permitió sentirse cómodas y seguras de expresar sus drásticas diferencias de opinión de un modo jovial pero apasionado. En este punto se encontraron, en esencia, en una posición cara a cara.
- El siguiente tema que les asigné fue algo que tocaba fibras sensibles: la comida. En concreto, les pedí que escribieran sobre la

cena familiar. Comenzaron por escribir sobre salir a cenar fuera en comparación con cenar comida casera, y después, cuando nos reuníamos, cada una leía en voz alta sus pensamientos al respecto. Con el tiempo les pedí que ahondaran e indagaran cómo las hacía sentir la comida: si se sentían seguras y relajadas durante la cena y los posibles temores que suscitaba en ellas la comida. Poco a poco, la madre y la hija avanzaron hacia su meta final de llegar a una posición lado a lado, como lugar de descanso para ambas.

### Eres una persona valiosa

Para concluir este capítulo, quisiera remarcar que un elemento importante de la TPS es el valor propio, que va unido a la autoestima y al respeto por uno mismo. Es importante tener verdadera autoestima y respeto por uno mismo para sentirse digno, valioso y, por ende, seguro de sí mismo. Cuando esto ocurra, podrás dejar atrás lo que ya no es adecuado para tu edad en este momento de tu vida. Para valorarte, debes primero saber quién eres y qué es importante para ti; el trabajo inicial te ayudará a entenderlo. El problema para muchas madres es que están tan absortas en atender las necesidades de la familia que olvidan ocuparse de ellas mismas. Es un escenario típico. Antes de que la madre se dé cuenta, los hijos crecen, son más independientes y ya no la necesitan tanto, lo cual la hace perder su sentido de dirección. El antídoto para esta situación, por supuesto, es realizar constantemente el trabajo inicial de reflexión hasta que se vuelva parte de tus procesos naturales de pensamiento. De esta manera, cuando enfrentes el nido vacío, te sentirás segura de ti misma, fuerte, equilibrada y clara respecto a quién eres (por haber atendido tus necesidades insatisfechas) y preparada para empezar una nueva etapa de tu vida. Si te encuentras en esta situación, no necesitas llevar a cabo esta labor tú sola. Pide apoyo a tu esposo, a tus amigas, a un clérigo en quien confíes, o busca ayuda con un profesional o un grupo de apoyo.

### EJERCICIO: VALOR PROPIO

Pasa a una hoja en blanco de tu diario y escribe tus respuestas a las siguientes preguntas:

¿Qué ha revelado mi lista S.W.E.E.P.? ¿Qué áreas de mi vida son fuertes y cuáles necesitan mi atención?

¿Soy feliz?

¿Soy una persona segura la mayor parte del tiempo?

¿Merezco sentirme bien, feliz y satisfecha?

¿Dedico tiempo a hacer algo por mi comunidad?

¿Hay cosas en mi vida que operen en contra de mi sentido de valor propio?

Ahora, cambia de hoja en tu diario y completa los espacios:

Cuando realizo _____ me siento fuerte y segura.

Mi momento de mayor inseguridad es cuando yo _____.

Mi _____ aumenta el sentido de confianza en mí misma.

Si tuviera más _____ en mi vida, me sentiría mejor.

Todo lo anterior debe llevarte a un proceso de autorreflexión. Y recuerda: Las personas necesitan definirse a sí mismas en términos más amplios que sólo como seres sexuales. Es una verdad obvia pero dolorosa que si el valor que te das depende de tu juventud, belleza o sexualidad, más temprano que tarde te sentirás vieja, menos bella y carente de identidad. En lugar de atribuir todo tu valor a tu apariencia, ¿por qué no inviertes en tu corazón y en tu alma? Tu vida tiene muchos aspectos, ya sea como educadora, intelectual, atleta o profesional, todos estos aspectos forman parte de ser mujer, y todos son muy valiosos. La vida siempre implica cambios. A medida que envejecemos, depende de cada uno de nosotros explorar y crecer como personas. Si no, nos estancamos. Cuando las prioridades cambian, es el momento ideal para que te permitas cambiar junto con ellas. Sin embargo, tu sentido de valor propio debe mantenerse siempre. Independientemente del concepto que tengan los demás de ti, lo que en verdad importa es cómo te ves a ti misma. Tu valor propio se basa en el crecimiento y en la reflexión. La sabiduría es algo que nadie podrá quitarte.

# 9 Dinero y valores

Una madre y su hija de ocho años se encuentran frente a un espejo de cuerpo entero en el departamento de zapatería de Nordstrom. Juntas admiran las finas sandalias doradas en los pies de la madre. Ella se levanta un poco los pantalones para verlas mejor y camina en una pasarela imaginaria. La hija la admira con ojos muy abiertos.

Hija: ¡Mami, qué bonitas están!

Claramente, la madre coincide con la opinión de la hija y continúa posando. Se vuelve hacia la vendedora.

Madre: ¿Cuánto dice que cuestan?
Vendedora: El precio normal es de $175, pero están rebajadas a sólo $80. Son sensacionales.

La madre continúa posando.

Hija: ¡Por favor, mami, cómpratelas!
Madre: Lo sé, lo sé. Están preciosas…

La madre duda, pero sólo un momento.

Madre: Bueno, bueno. Me las compraré.
Hija: ¡Viva!

Ambas bailotean felices por la decisión de llevarse las sensacionales sandalias a casa. La madre se las quita y las entrega a la vendedora.

Madre: Las pagaré con mi tarjeta de crédito. (Entonces se vuelve hacia la hija.) Oye, cariño, no hay que decirle a papá que me las compré, ¿sí?

Hija: ¿Por qué?

Madre: Bueno, porque son un poco caras, y papá se preocupa por este tipo de cosas. Así que, será un secreto entre las dos. ¿Lo prometes?

Hija: Lo prometo.

Al igual que la perspectiva de una madre con respecto al sexo, su actitud hacia el dinero es algo que transmite de continuo a su hija, consciente y subconscientemente. Los mensajes que la hija recibe a menudo son confusos, como demuestra la situación anterior. En este caso, madre e hija comparten una experiencia agradable. Y esta unión es, por lo general, algo bueno. Sin embargo, en esta situación, se le pide a la hija que guarde esta conexión en privado. La justificación que ofrece la madre (no preocupar al padre) puede parecer amorosa, pero el hecho es que la madre le está pidiendo a su hija que guarde un secreto. Además, la propia solicitud es tramposa. ¿Qué enseña esto a la hija? Por principio de cuentas, le enseña que si uno hace algo a escondidas, se puede salir con la suya. Y en un sentido más amplio, el mensaje es que no es necesario ser honrado con respecto al dinero… y que no es necesario ser íntegro si no conviene a los intereses personales. Si ésa es la lección que pretende enseñar la madre (y de verdad espero que no sea así), es muy probable que la niña la aprenda. Si no, es preciso que la madre entienda lo que su conducta transmite en realidad a su hija. Es similar a la confusión que Alicia sintió cuando su madre le explicó de dónde venían los bebés.

Desarrollemos un poco el escenario de los zapatos. Imagina que la hija se muere por tener una nueva bicicleta estilo Hannah Montana. La madre le dice a la hija que no, porque es demasiado cara. Sin embargo, la hija tiene una buena razón para creer que obtendrá la bicicleta; la madre podría comprársela de la misma manera en que ella se compró las zapatillas. La niña podría decir: "No le diremos nada a papá de la bicicleta de Hannah Montana, para que no se preocupe". La hija llegará a casa con su nueva bicicleta igual que la madre con sus zapatillas finas. Pero en caso de que la madre no le compre a la hija la bicicleta costosa, ¿cómo podrá explicárselo?

En mi trabajo, veo este tipo de situaciones todo el tiempo. Mensajes informales o dobles sobre el dinero pueden causarte un verdadero problema con tu hija. Es importante ser congruente entre lo que uno predica y lo que uno hace. Piensa en lo que quieres que comprenda tu hija acerca del dinero y dilo con tus palabras, pero también con tus actos. En el ejemplo anterior, no insinúo que la madre deba privarse de las zapatillas, pero sí que sea sincera en la comunicación con su hija. Si la madre trabaja fuera de casa, podría haber dicho: "Voy a comprar estas zapatillas. Son caras, pero trabajo mucho y estoy tomando una decisión sobre cómo gasto nuestro dinero. Si compro las zapatillas, tendré que cuidar otros gastos". Entonces la madre podría explicarle el proceso de decisión a la hija. De esta manera, la hija aprendería dos lecciones importantes: que en la familia son abiertos y sinceros unos con otros, incluso cuando se encuentran en una situación potencialmente incómoda o difícil, y que hay un proceso que siguen para tomar decisiones. Si la madre no tiene un trabajo remunerado, podría haber dicho: "Tu padre trabaja muy duro, y estas zapatillas no están en nuestro presupuesto. Vamos a llamarle para saber qué podemos hacer al respecto". O también: "Tal vez no compre un vestido nuevo para la fiesta de los Smith el próximo fin de semana". Esto es mucho más respetuoso, demuestra el valor del dinero y cómo realizar compras de acuerdo con las prioridades.

En un sentido, el dinero es un concepto simple. Incluso a temprana edad, tu hija puede aprender lo básico: que el dinero es una mercancía tangible que puedes tener en la palma de la mano, o guardarlo en una alcancía para ahorrar para un juguete especial. De forma similar, ella puede entender el concepto del dinero como un medio para obtener bienes materiales, que van desde las necesidades básicas como la comida y la ropa, hasta ciertos lujos como juguetes y regalos. Ella te ve hacer un cheque para pagar el gas o realizar una donación a una institución de beneficencia. Está ahí cuando haces una compra a crédito o cuando utilizas el cajero automático para sacar dinero. Cada una de estas transacciones depende de la cantidad de dinero que tienes y de tus preferencias personales, es decir, cómo decides gastar tu dinero.

En nuestra sociedad, el dinero es un tema tabú incluso mayor que el sexo. En general, hace que la mayoría de nosotros nos sintamos incómodos. Tener mucho dinero hace que algunas personas actúen de forma que podríamos considerar descortés, desagradable, inmoral o sencillamente ilegal. No tener mucho dinero puede hacer que la gente actúe también de forma similar en muchos sentidos. Y cuando se trata de tu hija, la relación con el dinero puede ser inquietante por razones que no logras asir del todo.

Una de las razones por las que el dinero se vuelve un asunto que despierta emociones intensas es porque con frecuencia se relaciona con nuestros sentimientos acerca de nuestros padres y nuestra infancia. La complicación se presenta debido a esta connotación emocional que tiene el dinero y, lo que es más importante, lo que compramos con él. Aquí es donde entra en juego el valor. Puedes valorar un reloj muy fino no sólo porque es un bello regalo, sino por lo que representa: prestigio social (sólo las personas que gozan de cierto nivel socioeconómico usan este tipo de accesorios), éxito (el que lo regala debe tener mucho dinero para darse el lujo de gastar tanto dinero en un reloj) o amor (debe amarme mucho si está dispuesto a gastar tanto dinero en este objeto para mí).

En mi opinión, entender esta distinción es fundamental en cómo tu hija ve y se relaciona con el dinero. Por este motivo, tus conversaciones sobre el dinero deben comenzar con una explicación de los valores, y no a la inversa. ¿Por qué? Porque los valores no se miden en términos monetarios, sino que se basan en tus convicciones y sentimientos personales que vienen de las enseñanzas familiares: cultura, religión e historial familiar.

Depende de ti y de tu esposo determinar cuáles son los valores importantes que desean inculcar en sus hijos: no hay respuestas correctas o incorrectas. Puede que tu familia valore los bienes materiales, como las joyas finas o los automóviles de lujo, o quizá aprecie los momentos que pasan con amigos, la película semanal que ven en familia o el turno mensual en el comedor de beneficencia. La cantidad de dinero en la cuenta de banco familiar no se relaciona con los valores de la familia, en especial con el valor que la familia atribuye al dinero en sí. Algunas de las personas más ricas que he tratado tienen los valores más elementales y realistas que he conocido: valores que atribuyen mayor importancia a las cenas familiares que a los bolsos de mano exclusivos. Lo contrario también es cierto. Algunas de las familias más pobres que he tratado dan un gran valor a los bienes materiales y están dispuestos a lo que sea para adquirirlos, y dan menos importancia a los momentos familiares.

Independientemente de cuáles sean tus valores familiares, es esencial que tengas cuidado en transmitírselos a tu hija desde que ella es apenas una bebé. El dinero es sólo una parte de esta conversación. Es una responsabilidad, al igual que lo es hablar de sexo con tu hija. Depende de ti iniciar un diálogo acerca del dinero y los valores. Esta tarea no tiene que

> ### Tus reacciones influyen en el valor que tu hija atribuirá a las cosas
>
> La forma en que una madre reacciona ante algo envía un mensaje a su hija. Ese mensaje es parte de lo que ayuda a tu hija a determinar el valor de ese objeto. Si se trata de un abrigo de piel nuevo que te vuelve loca de felicidad, estás atribuyendo un gran valor al abrigo y tu hija asimilará esta información. Si expresas alegría por tu trabajo como voluntaria en la campaña anual de recaudación de fondos para una institución religiosa, tu hija recibirá el mensaje de que trabajar como voluntaria es una actividad valiosa.
>
> Eres quien eres, sólo debes tomar en consideración cómo tus emociones moldean el sistema de valores de tu hija.

ser intimidante. Sin embargo, es sumamente difícil enseñar valores cuando el tema del dinero se ha tratado desde una posición de espalda contra espalda. Esta charla requiere comenzar en una posición cara a cara para lograr un intercambio fructífero de puntos de vista (tal vez) opuestos, para luego transitar hacia una dinámica lado a lado cuando encuentren terreno común.

## Miriam y Tory

Al abrir la puerta que da a mi sala de espera, vi a Miriam, una mujer de cuarenta años y paciente primeriza. Iba vestida impecablemente: blusa blanca muy bien planchada, pantalones negros y cabello bien arreglado, pero, para ser franco, tenía cara de pocos amigos. Me pareció un poco extraño que estuviera de pie esperando, en lugar de tomar asiento y leer una revista, como hace la mayoría de mis pacientes mientras esperan. Después de presentarme, ella asintió con la cabeza y acto seguido entró en mi consultorio y tomó asiento sin perder un sólo momento.

Miriam me había llamado con respecto a su hija de diez años, Tory. Su idea original era hacer una cita para su hija, pero ya conoces mi filosofía... y bueno, ahí estaba. Fue directo al grano y me dio detalles sobre su hija, una niña que cursaba el quinto grado en una escuela pública de la localidad. Su comportamiento en clase y en casa había empezado a cambiar radicalmente. De acuerdo con la madre, Tory, hija única, siempre había sido "obediente" en la familia. Sin embargo, en los últimos meses, Tory se había vuelto muy rebelde y se rehusaba a hacer sus tareas escolares o sus quehaceres domésticos. Su actitud era muy mordaz y grosera hacia Miriam.

La gota que derramó el vaso fue dos semanas antes, cuando Tory robó chicles y caramelos de la farmacia cercana. Había ido con su madre a comprar algunos artículos de baño y, al salir, Tory tomó dos paquetes de goma de mascar y una bolsa de caramelos, y con sigilo los guardó en el bolsillo del vestido. Uno de los cajeros de la farmacia la sorprendió y avisó al encargado. En lugar de hablar directamente con Miriam, una buena cliente, el encargado de la farmacia le dejó un mensaje telefónico. Más tarde, cuando Miriam devolvió la llamada y se enteró del incidente, se enfureció y confrontó a Tory de inmediato, quien negó todo. Por fin, después de amenazarla con más labores domésticas, Tory admitió el hurto. En ese momento, regresaron a la farmacia y devolvieron los artículos. Castigó a Tory dos semanas y no le permitió usar el teléfono, la computadora o la televisión. Miriam estaba tan decepcionada de Tory que apenas podía mirarla y, en ese momento, la tensión entre ellas era muy grande.

Le pedí a la madre que me contara un poco de ella. Ella respondió con una palabra: organizada. Siempre lo había sido, en especial desde que nació Tory. La logística era su especialidad. Tenía programas para todo en la vida, desde cuándo dormía y comía hasta hacer las compras de alimentos e incluso cuándo lavar el automóvil. Y también tenía un horario estricto para Tory: para dormir, comer, hacer la tarea y jugar. Comentó que la importancia de las rutinas y los horarios era lo único que había aprendido del grupo de apoyo a madres primerizas al que asistió cuando Tory acababa de nacer. En seguida, revisamos su lista S.W.E.E.P.

> Sueño: "Misma hora y mismo lugar", para citar a la madre. Sin embargo, en la actualidad no conciliaba el sueño de inmediato y daba vueltas en la cama varias horas antes de quedarse dormida. Mientras tanto, su esposo roncaba plácidamente a su lado.

> Trabajo: Desde que salió de la universidad, Miriam había trabajado en la administración de restaurantes. No era un sueño ni una pasión suya, sino sólo una manera de "ganar dinero para irla pasando".

Alimentación: La familia comía a la misma hora la mayoría de las noches, salvo que el horario de Tory lo impidiera. En esa circunstancia, la madre le llevaba la comida al lugar donde Tory se encontrara: el ensayo de la banda de música de la escuela, un partido de futbol, entre otras actividades.

Expresión emocional del ser: Para ella, expresar emociones en demasía era inadecuado, por esta razón las "mantenía a raya". El esposo de Miriam era un hombre callado que básicamente permitía que ella mandara en el hogar.

Diversión: Miriam hacía ejercicio todos los días, por lo general antes de acostarse, y era lectora voraz.

Lo que más me preocupaba era la vida laboral de Miriam, ya que, en sus propias palabras, era adicta al trabajo. Explicó que estaba firmemente convencida de que debía prepararse en términos financieros para su retiro, algo que sus padres no habían logrado. Por muchos años tuvieron una pastelería muy rentable. De niña, Miriam siempre se sintió en una posición financiera segura y estable, pero cuando llegó a su año final de la preparatoria, sus padres le informaron que no tenían dinero para pagar sus estudios universitarios. Cuando preguntó por qué, sus padres no tuvieron en realidad ninguna buena explicación, además de que habían vivido con holgura hasta ese momento, pero que no habían hecho previsiones para el futuro. Miriam tuvo que pedir varios préstamos estudiantiles para asistir a la universidad.

Algunos años después, conoció a su futuro esposo. Dos años después dio a luz a Tory. Sus planes eran dejar de trabajar y dedicarse al hogar. Aunque el trabajo de su esposo no era muy lucrativo, se las arreglaban para irla pasando. Sus planes cambiaron sólo unos meses después de que Tory nació. Los padres de Miriam estaban en franca quiebra y habían tenido que vender la pastelería. Necesitaban ayuda económica con desesperación, y ninguno de los dos tenía buena salud para salir a buscar trabajo. Miriam sintió que no le quedaba más remedio que ayudarlos. Sin embargo, la contrarió el hecho de tener que dejar a su bebé para regresar a trabajar y apoyar a sus padres. No obstante, por el lado positivo para Miriam, el departamento que les rentó se encontraba al otro lado de la ciudad y no tendría que ir a verlos tanto como antes. Ella pagaba la renta, todos los gastos y les daba algún dinero todas las semanas. Al parecer, los padres de Miriam también debieron ajustarse a sus horarios.

Mientras me contaba su historia, Miriam añadió: "Tory nunca tendrá que ocuparse de mí de esa forma, y aprenderá a valerse por sí misma".

Al escuchar su narración, comprendí a la perfección por qué Miriam era adicta al trabajo, y también por qué no quería convertirse en una carga económica y emocional para Tory. El problema era que en sus esfuerzos por proteger a Tory de los errores económicos que sus padres habían cometido, Miriam había ocasionado, sin proponérselo, una nueva serie de problemas para su hija. Cada vez que oigo que un paciente habla de no querer cometer los mismos errores, es una señal para mí de que la persona está cometiendo un error similar, pero en el extremo opuesto. En este caso, la inflexibilidad de Miriam y el control que pretendía ejercer sobre su hija, aunque fuera con el fin de evitar causarle problemas económicos a largo plazo, estaba creando estragos. Con el propósito de criar a su hija de forma diferente, Miriam, como muchas madres, no tenía conciencia de los efectos negativos de sus actos en lo que percibía como una forma más responsable y amorosa que la de sus padres.

Para concluir la sesión, compartí con Miriam las posiciones básicas de la estrategia de las sillas y le expliqué por qué sus actos y palabras procedían de una posición de espalda contra espalda. Aunque empezaba a comprender por qué su rigidez podía interpretarse muy bien como una posición de espalda contra espalda, no creía que fuera la razón del comportamiento de Tory. Concertamos otra sesión para la siguiente semana. Le pedí a Miriam que tratara de aproximarse a Tory lo más posible en una posición cara a cara para que estuvieran en una mejor situación emocional cuando vinieran a verme y ella aceptó.

*Dos semanas después*

Tory y su madre llegaron para su cita. La madre entró en el consultorio como general, igual que la vez pasada, pero ahora iba seguida de Tory, su obediente soldado de infantería. Pese a ello, los ojos traviesos y sonrisa sarcástica de Tory me hicieron saber que estaba pensando seriamente en desertar. Me dio la impresión de que tenía mucho temple y definitivamente podría pasar por una chica de mayor edad, tal vez una adolescente. Le pedí a la madre que esperara fuera y nos dejara conversar a solas; podría pasar en los últimos diez minutos de nuestra sesión. Correspondía a Tory revelar precisamente lo que había provocado en ella la forma de ser tan estricta de su madre. Antes que nada, revisamos su lista S.W.E.E.P.

> Sueño: En general dormía bastante bien, aunque últimamente estaba más inquieta de lo normal.
>
> Trabajo: Antes le gustaba ir a la escuela, pero este año las cosas habían comenzado a cambiar. Estaba cansada de hacer tarea todas las noches, y le resultaba tedioso asistir a todas las clases. Eran demasiadas reglas y la escuela empezaba a parecerle tan restrictiva como su hogar.
>
> Alimentación: No le gustaba que su madre le llevara la comida a sus actividades. Además de que le avergonzaba, la comida que le llevaba la madre era demasiado sana para su gusto. Últimamente, había estado escondiendo comida cuando su madre no la veía y me contó que los pantalones comenzaban a quedarle justos.
>
> Expresión emocional del ser: Tory comenzaba a tener discrepancias con sus amigas por vez primera. Su madre y ella discutían constantemente porque "mi mamá dice que no a todo". El padre siempre aceptaba las decisiones de la madre.
>
> Diversión: Pasaba el mayor tiempo posible en YouTube, Facebook, mandando mensajes por el teléfono celular y jugando futbol.

Le pedí a Tory que fuera más específica respecto a lo que su madre no le permitía hacer. Al principio, mencionó actividades en las que cualquier madre de una niña de diez años impondría límites, como es debido: ver la televisión, usar la computadora y la hora de acostarse. Sin embargo, Tory se veía inquieta.

> Dr. Sophy: ¿Hay algo más que quieras decir sobre las cosas que tu madre no te deja hacer?

Se quedó callada un momento. Imaginé los engranes dando vuelta en su mente, mientras pensaba cómo contestaría a mi pregunta.

> Tory: No lo sé. Supongo que no.

Dr. Sophy: Muchos niños de tu edad reciben una mesada. ¿Tus padres te dan dinero?

Al oír mi pregunta, la expresión de su cara cambió. Era casi como si un nubarrón se cerniera sobre ella.

Tory: Algo así... quiero decir, más o menos.

Dr. Sophy: ¿Podrías explicar a qué te refieres con eso?

Sabía que había tocado una fibra muy sensible. Tory rompió en llanto. Cuando se recuperó, reveló que recibía una mesada, pero que no tenía permitido gastarla. Entonces me contó que había estado ahorrando desde hacía seis meses bajo el entendido de que iba a poder comprarse un Nintendo DS con sus ahorros. Cuando ahorró la cantidad suficiente, la madre se negó a dejarla comprar el aparato y, en su lugar, insistió en que debía depositar todo el dinero en la cuenta de ahorro de Tory. Ése no era el acuerdo.

Dr. Sophy: ¿Cómo te hizo sentir eso?

Tory: Mi madre me engañó. Me mintió todo el tiempo. Nunca me iba a permitir comprar lo que yo quería.

Los intentos estrictos pero bien intencionados de Miriam para proteger a Tory de la situación que ella enfrentaba actualmente con sus propios padres eran contraproducentes. Habían llevado a su hija al punto de la rebelión e incluso de robar.

Cuando Miriam entró, preguntó de inmediato de qué habíamos charlado. Primero hablamos sobre el Nintendo DS y la mesada de Tory. Por primera ocasión, Tory pudo expresar a su madre no sólo su enojo, sino también su desilusión.

Tory: Trabajé muy duro para ahorrar ese dinero, mamá.

Miriam: Sí, y yo también trabajo muy duro, por lo que cuando robas goma de mascar, me causas una decepción muy grande. ¡No debes hacerlo! ¡Punto!

Tory se había acercado a su madre en la posición cara cara, y la madre reaccionó en la posición de espalda contra espalda. Tory se estremeció y empezó a llorar.

> Dr. Sophy: Tory, dile a tu madre cómo te sientes en este momento.
> Tory: Yo también estoy decepcionada, mamá.
> Miriam: Qué bueno, ¡deberías estar decepcionada de ti misma!
> Dr. Sophy: ¿A eso te referías, Tory?

Tory negó con la cabeza. Le pregunté a la madre si en su momento había felicitado a Tory por el esfuerzo que había hecho para ahorrar, haciendo hincapié en que se necesitaba mucha fuerza de voluntad para lograrlo. No lo había hecho, pero se apresuró a señalar que Tory había robado las golosinas para ese entonces y que dejar que comprara el DS sería como premiar su comportamiento. Sin ser de sorprenderse, el instinto de la madre parecía empezar desde la posición de espalda contra espalda. Le advertí entonces a la madre que debía reconocer su esfuerzo.

> Miriam: De acuerdo, Tory. Hiciste muy bien en ahorrar.

Ese simple ajuste de la madre logró arrancarle a Tory una enorme sonrisa. Además, consiguió llegar a una posición cara a cara.

> Madre: Pero también creo que comprar un DS es un despilfarro y no es el tipo de artículo en el que debes gastar, Tory.
> Dr. Sophy: Si Tory no hubiera robado, ¿le habría permitido comprar el DS?

Se quedó callada.

> Madre: No, a decir verdad, no. Como dije: es un despilfarro.
> Dr. Sophy: Entonces, de acuerdo con tu forma de pensar, ella jamás habría podido comprar el DS, ¿correcto?
> Madre: Así es.
> Dr. Sophy: ¿Confiaría en alguien que le hiciera lo mismo a usted? ¿Confiaría en usted misma?

Tory sólo miraba a su madre, esperando una respuesta. Miriam guardó silencio un largo rato.

Madre: No, supongo que no confiaría en nadie así. (Entonces) Lo siento, Tory.

Dr. Sophy: Tory, ¿qué necesitas que haga tu madre para recobrar tu confianza?

Tory: Es muy sencillo, mamá. Lo único que quiero es poder gastar mi dinero cuando me has dicho que puedo hacerlo.

Tory había esperado mucho para alcanzar la meta de ahorrar para poder comprar algo. El hecho de que se lo arrebataran fue una intensa decepción, no sólo porque no obtuvo el DS, sino porque todo el esfuerzo que hizo por ahorrar no había servido para nada. Finalmente, la madre lo comprendió. Habían logrado llegar a la posición lado a lado.

Además de que la rigidez y el control de la madre estaban empujando a la hija a la rebelión, le enviaban otro mensaje: que su familia no valoraba los objetos disfrutables, como el Nintendo DS o algún otro objeto apropiado para la edad de su hija que ella quisiera. La madre tenía miedo de que una vez que Tory empezara a apreciar el hecho de poder comprar cosas que producen felicidad o placer, querría gastar aún más dinero en esos objetos. De esta manera, Miriam temía que su hija resultara ser como su propia madre que nunca entendió el valor de ahorrar y repitiera la historia de su familia. El control estricto que ejercía sobre Tory estaba resultando contraproducente, al punto de llevar a la niña a la misma situación que tanto ansiaba evitarle.

Para que Tory y su madre lograran una posición lado a lado, Miriam debía resolver sus problemas de la infancia (necesidades insatisfechas) y su interacción con sus padres acerca de su falta de previsión económica. A la larga, llegó a aceptar la idea de que ella tenía control sobre las finanzas de su familia y no necesitaba compensar de más para prevenir un resultado similar. Con esta libertad, apareció una Miriam menos rígida y más flexible.

Les pedí a Miriam y a Tory que volvieran la siguiente semana. Pasamos la sesión completa aprendiendo la estrategia de las sillas y las técnicas de su movimiento. Además, hablamos de dinero, valores y las diferencias entre los dos conceptos. Juntos llegamos a un plan:

- Les pedí a las dos que llevaran un diario guiado para que escribieran sobre el incidente del DS, ya que éste había sido importante para ambas. Después de esto, cada una leería lo que escribió en voz alta para después conversar al respecto.
- La madre se comprometió a encontrar la forma (por lo menos dos veces a la semana) de incluir a Tory en las decisiones financieras para que la niña aprendiera a ser parte del proceso de toma de decisiones, ya fuera para comprar alimentos o regalos para otros. El padre también incluiría a Tory en estas decisiones por lo menos dos veces a la semana.
- Ambas acordaron llevar a cabo toda interacción en la posición cara a cara hasta la siguiente sesión. En el instante en que alguna de ellas creyera que se encontraban en la posición de espalda contra espalda, debía hacer un alto, desconectarse y retomar la conversación cuando hubiese bajado la intensidad. De esta manera, cada una de ellas podría expresar su punto de vista.
- Tanto Tory como su madre debían escribir dos listas por su cuenta, llenas de cosas que deseaban: "Cosas que quiero que son valiosas para mí" y también "Cosas que quiero que cuestan dinero". Tendrían que actualizar estas listas cada dos semanas para mantener al día la charla sobre dinero y valores. (Consulta los ejercicios en las páginas 205-206.)

Uno de los aspectos positivos de la crisis económica actual es el hecho de que cada vez más familias comienzan al fin a hablar de dinero. Casi todo el mundo sufre de un modo u otro. Espero que entiendas que esto no es sólo porque los recortes financieros afectan la compra de alimentos, vestido y techo que proporcionas a tu hija. Es porque existe riesgo de confusión emocional cuando las cosas básicas de tu vida cambian, y esto va tanto para adultos como para niños. La siguiente historia examina los tropiezos que provocan estos cambios, aunque en este caso son el resultado de actos conscientes y deliberados de la madre.

## Shelly

Mientras caminaba por la calle, una mujer me hizo una señal para que le diera la hora. Me detuve un momento, respondí y continué mi camino. La mujer volvió a llamarme y me preguntó si tenía un minuto para que me hablara de sus hijos. La cara de sorpresa que puse la obligó a decirme que me había reconocido por una presentación en televisión. Su nombre era Shelly, y no se necesitaba mucho para notar lo angustiada y nerviosa que estaba. Tomó asiento en una banca y cruzó la pierna (sin dejar de mover y balancear el pie mientras hablaba). Estaba vestida de forma informal con una camiseta y pantalones vaqueros, llevaba el cabello recogido en una cola de caballo y no iba maquillada. Me dio gusto disponer de quince minutos para ella.

Me senté a su lado en la banca. Levantó el tazón vacío que llevaba en las manos y comentó: "Me acabo de comer un helado completo bañado en jarabe de chocolate. ¡Ay, doctor, si tan sólo hubiera pasado quince minutos antes para convencerme de no devorar el helado!".

Ambos reímos. Aunque la mirada de Shelly reflejaba una gran tristeza, se las ingeniaba para mantener el buen humor. También tenía un aire de seguridad. Yo sabía que estos atributos invaluables le serían de enorme ayuda sin importar el problema al que se enfrentara. Entonces empezó a contarme su historia.

Se trataba de una madre de cuarenta y cinco años, con tres hijas: Allison, de doce años; Lucy, de diez; y Rachel, de cuatro años. Estaba casada felizmente desde hace dieciséis años. Conoció a su esposo, Seth, en la imprenta donde ella trabajaba como diseñadora de invitaciones. Él fue a la tienda buscando nuevas tarjetas de presentación. Se casaron en menos de un año. En ese momento, Seth vivía con holgura, era ambicioso y trabajaba en la formación de una pequeña empresa médica. Ella continuó trabajando y hacía yoga a diario. Después de su tercer aniversario, las acciones de la empresa de Seth empezaron a negociarse en bolsa, y el dinero comenzó a llegar por montones. Shelly dejó su trabajo y juntos, por decisión consciente, empezaron a gastar su nueva fortuna como si fuera agua. Describió los años siguientes usando la frase estereotípica "vida de caviar y champagne". "No hay otra forma de decirlo", admitió. "Gastábamos a manos llenas."

Poco después, decidieron construir la casa de sus sueños. Aunque las vacaciones lujosas y las compras incesantes continuaron, Shelly sintió la necesidad de hacer algo significativo. Se dedicó por completo a obras de beneficencia, trabajaba como voluntaria y hacía y recaudaba donativos generosos. Sin embargo, su estilo de vida de altos vuelos pronto eclipsó esa motivación y deseo sincero de ayudar. Ella y su esposo fueron tema de artículos en las revistas de sociedad, y aparecían muchas fotografías de ellos vestidos de etiqueta: Seth con su elegante esmoquin y Shelly con una serie de fabulosos vestidos de noche y joyas extravagantes para complementar su atuendo.

Su primera hija, Allison, nació poco después de que se mudaron a su casa de casi mil setecientos metros cuadrados. Según Shelly, "la sala de proyección y el boliche ocupaban mucho espacio, por lo que la casa no era tan grande como parecería". Sin embargo, lo más importante era que Shelly no se sentía satisfecha. Con una hija recién nacida y una nueva casa que disfrutar, seguía pasando días enteros planeando y asistiendo a funciones para recaudar fondos para una u otra obra de beneficencia, además de acompañar a Seth a sus compromisos de trabajo. Luego tuvieron a su segunda hija, Lucy. Pese a todo, continuaron con el mismo estilo de vida. Podían darse el lujo de pagar más personal que les ayudara con su creciente familia; sus dos hijas eran parte del opulento estilo de vida, con nanas y todo. Posteriormente volvió a quedar embarazada de la tercera hija, Rachel.

Los viajes incesantes, los compromisos sociales y la "locura agotadora" continuaron varios años más hasta que Shelly se topó con pared. Su insatisfacción con su vida se transformó en depresión. No había tenido amigos verdaderos en años, sólo conocidos que necesitaban su tiempo y su dinero, y no tenía tiempo para dedicarlo a ella misma. No era una madre tan participativa como siempre había querido porque estaba demasiado ocupada cumpliendo las numerosas obligaciones sociales que habían dejado de ser importantes para ella. En el fondo, sentía que había desperdiciado diez años de su vida.

En ese momento, Shelly tomó una decisión extraordinaria e implementó medidas drásticas: decidió reducir su nivel de vida y comenzar de nuevo. Vendió la casa, sacó a sus hijas mayores (Allison y Lucy) de una escuela particular y retiró su nombre de todas las instituciones y comités de beneficencia a los que pertenecía. Compró una casa más pequeña, inscribió a sus tres hijas en una escuela pública y comenzó a encaminarlas al colegio todos los días. En lugar de organizar veladas, comenzó a planear ventas de pasteles y reuniones de padres de familia en la escuela. No más trajes de noche y joyas, sólo jeans y camisetas. Quería conocer bien a sus hijas, conocer gente común y corriente y vivir una vida más plena pero más sencilla antes de que fuera demasiado tarde. Seth apoyó su decisión. Quería que fuera feliz. Mientras tuviera su imperio profesional y a su esposa a su lado, se sentía satisfecho. Cuando conocí a Shelly, su nuevo estilo de vida tenía unos cuatro meses. Practicaba yoga con regularidad, reanudó viejas amistades y empezó a sentirse como "la Shelly de antes".

Sin embargo, sus hijas eran otra historia. Lucy y Allison odiaban la nueva vida. Extrañaban las vacaciones en Hawai y las compras de fines de semana con su madre. Se burlaban del nuevo automóvil híbrido de Shelly y se preguntaban qué había sucedido con la camioneta Range Rover. En cambio, Rachel, de cuatro años, que apenas estaba en preescolar, parecía tomar todo con calma. Shelly estaba muy decepcionada de la actitud de sus hijas mayores. Desde su punto de vista, sus hijas tenían qué ponerse, estaban bien alimentadas y eran amadas, y eso debía bastarles.

Shelly: ¿Qué les pasa? ¿No se dan cuenta de lo afortunadas que son?

Dr. Sophy: ¿Has notado algún otro cambio en ellas?

Shelly: ¿Cómo qué?

Dr. Sophy: ¿Cómo duermen?

Shelly: En realidad, no muy bien. Puede ser que aún no se acostumbran a su nueva habitación, o algo así, pero por favor, sigue siendo una habitación muy bonita.

Dr. Sophy: ¿Pasa alguna otra cosa? ¿Tienen algún problema en la escuela?

Shelly: No precisamente, excepto que la maestra de Allison mencionó el otro día que la vio muy triste durante el recreo, y pensó que esto pudo haber influido en su rendimiento durante el examen de ortografía que presentó más tarde.

No podía quedarme más tiempo, pero no había tenido mucha oportunidad de responder o de ofrecer algún consejo. Sin embargo, era evidente que la familia tenía un problema grave. Sugerí a Shelly que fuera a verme con sus dos hijas mayores, y concertamos una cita para la siguiente semana. Pensé que sería mejor que fueran juntas. Ya tenía una buena idea de cómo era Shelly y quería conocer a Lucy y a Allison cuanto antes para observar cómo interactuaban.

## *Shelly, Lucy y Allison*

El día de la cita, ninguna de las hijas le dirigía la palabra a Shelly. Me di cuenta de que había una enorme tensión creada por la posición de espalda contra espalda en la que se hallaban la madre y las hijas, que resultaba muy incómoda para todas. Las niñas se veían furiosas: ambas tenían ojos verdes que parecían despedir chispas. Shelly se volvió hacia mí, avergonzada. Aunque es muy común, me resulta frustrante ver cómo se desperdicia una cantidad increíble de energía en crear esta atmósfera, cuando se puede usar la misma energía para crear una posición sólida cara a cara que con el tiempo se convierte en una posición lado a lado.

Entraron en mi consultorio y la disposición de las sillas ocurrió con toda naturalidad. También fue perfecta. Allison y Lucy se sentaron juntas en las dos sillas y la madre se sentó en el sillón frente de ellas. De esta manera, la madre se colocó literalmente en una posición cara a cara con respecto a las dos niñas. Me senté a mi escritorio, como observador ajeno al grupo. Comencé por explicarles que el motivo de la reunión era que hablaran. También les conté brevemente de la estrategia de las sillas, les expliqué las tres posiciones y señalé que la forma en que habían decidido sentarse naturalmente tenía relevancia. Su expresión me indicó que comprendían. Luego les enseñé las reglas de conversación:

1. Escucharse mutuamente con respeto.
2. No hablar cuando la otra persona lo hace.
3. Dejar que la otra persona termine de hablar, incluso si no estás de acuerdo.
4. Establecer una señal (un guiño, un movimiento de la mano) que permita saber a la otra persona que le gustaría tomar la palabra.

Shelly pidió la palabra primero.

Shelly: Estoy muy contenta de estar aquí. Doctor Sophy, he intentado explicarles a mis hijas por qué ha habido un cambio en nuestra forma de vida. En pocas palabras, es que el dinero es realmente veneno para mí. Ellas simplemente no comprenden este concepto.

Lucy: ¿Desde cuándo es veneno el dinero, mamá? ¿Desde que tú lo dices?

Aunque Lucy era menor que Allison, quedaba claro que hablaba por las dos, ya que su hermana parecía ser muy tímida.

Shelly: Está bien, tal vez veneno es una palabra muy fuerte, pero saben bien lo que quiero decir. No necesitamos todas esas cosas materiales para ser felices.

Lucy: Ésa es tu opinión. Además, no son sólo "cosas" para nosotras, mamá.

Shelly: Quisiera que entendieran lo maravilloso que es este cambio, Lucy y Ally. ¿Cómo puedo lograr que lo vean así, doctor Sophy?

Dr. Sophy: Mi trabajo en este momento es escucharlas y hacer preguntas. Lucy, ¿qué quieres decir con eso de que no son solamente "cosas" para ustedes?

Lucy: Extraño a mis amigos. La nueva escuela es horrible. Quiero decir, estoy segura que la gente es buena, pero ¿por qué tengo que estar yo ahí?

Shelly: ¿Por qué no puedes confiar en que estoy tomando la decisión correcta para todos nosotros? ¡Soy tu madre!

Nadie dijo nada. La pierna cruzada de Shelly comenzó a moverse y a agitarse como lo había hecho antes. Lucy tenía mucha razón, pero era evidente que no lo había manejado bien.

Dr. Sophy: Lucy, cuando piensas en dinero, ¿qué te hace sentir, quiero decir, en el corazón?

Se quedó callada un momento.

Lucy: Vaya, nunca me habían hecho una pregunta así. Es extraño.

Dr. Sophy: Se le llama conectar tu mente con tu corazón. Esto es algo que debemos hacer todos ahora mismo. Cierra tus ojos un momento y piensa en uno de tus recuerdos favoritos de tu vida anterior. Allison y Shelly, hagan lo mismo, por favor.

Las tres cerraron sus ojos.

Dr. Sophy: Exploremos y hablemos de lo que sentimos cuando pensamos en esa vida anterior.

Shelly: Empezaré. Me hace sentir desdichada... vacía... sola... cansada... deprimida.

Lucy y Allison guardaron silencio. Me di cuenta de que ambas estaban emocionadas, aunque seguían con los ojos cerrados.

Lucy: Cuando pienso en nuestra vida anterior y en todo el dinero siento que...

Le costaba trabajo conservar la compostura.

Shelly: ¿Por qué lloras? Doctor Sophy, ¿me puede decir por qué llora?

Dr. Sophy: Por favor, Shelly, dale a Lucy un momento. (Dirigiéndose a Lucy) ¿Cómo te sientes cuando piensas en el dinero?

Lucy: Me siento amada. Me siento bien. Me siento muy bien.

Lucy comenzó a llorar. Allison asintió con la cabeza y comenzó a llorar también.

Shelly: ¿Por qué crees eso? ¿Qué significa esto, Dr. Sophy?

Allison: Es que sentimos como si ya no nos amaras, mamá.

Shelly relajó el cuerpo y me di cuenta de que empezaba a comprender. Durante toda su vida, Lucy y Allison pensaron que el amor se demostraba con bienes materiales, y estas cosas habían conectado a toda la familia, a las tres mujeres en particular. Esta familia había atribuido un gran valor a sus posesiones y a lo que podían comprar. Para ellas, la importancia de todos esos viajes y bienes que habían adquirido no radicaba en el hecho de haberlos realizado juntas, sino que lo único que importaba era haber viajado o comprado aquellos bienes. Ahora que les habían quitado esas cosas, para ellas era como si también les hubieran quitado el amor. Conectar la mente con el corazón era el principio del proceso de recuperación. Por vez primera, la madre comprendió lo difícil que este cambio de vida era para sus hijas, no porque fueran malcriadas o porque estuvieran demasiado consentidas, sino porque se sentían perdidas y sin amor. Y las hijas finalmente se sintieron comprendidas por la madre. El lazo íntimo que Lucy y Allison habían tenido con su madre se basaba en actividades relacionadas con gastar dinero, como ir de compras, salir a comer y viajar. Ellas lloraban la pérdida de esta conexión con su madre.

Cuando Shelly empezó a realizar su deseo de ser una persona íntegra y centrada de una forma distinta, olvidó una tarea fundamental: comunicarse con sus hijas y explicarles lo que significaba este cambio en sus prioridades y en sus actos. Estaba tan absorta en sus necesidades que no les explicó por qué su vida había cambiado. Aunque sus esfuerzos estaban dirigidos a hacer que sus hijas tuvieran una mejor vida a largo plazo, Lucy y Allison no tenían idea de cómo era posible que eso ocurriera, ya que su madre había abordado el cambio desde una posición de espalda contra espalda y no con un diálogo abierto, cara a cara. Dependía ahora de Shelly hacer saber a sus hijas por qué había decidido cambiar de forma tan drástica el estilo de vida de la familia. (Por supuesto, si los valores de la familia fueran claros, habrían experimentado este cambio autoimpuesto de forma muy diferente y mucho más positiva.)

Esta familia era un ejemplo típico de lo que yo llamo deshacer el trabajo que debía realizarse. Debido a que los valores que tenían eran muy superficiales, en esencia lo que tenían que hacer era reconstruirlos y empezar de nuevo, en especial por lo que implicaban los cambios trascendentes del último año en su estilo de vida. Propuse una sesión de terapia familiar a la semana, a la que el padre también debía asistir, para poder ayudarlos mejor a entretejer sus pensamientos y emociones y guiar la transición hacia su nueva vida.

Aparte de las terapias semanales, parte del plan de tratamiento inicial consistió en:

- Reuniones familiares en casa. Cada semana, la familia (ambos padres y las tres hijas) tenían un lugar específico para reunirse (escogieron la estancia familiar) donde conversaban de lo que se iba presentando: cualquier cosa, desde las actividades escolares y la clase de yoga de la madre, hasta un nuevo descubrimiento médico en el que el padre trabajaba. Cada uno tenía tiempo para compartir algo.
- Diario guiado. Al inicio de cada reunión familiar, cada uno leía las anotaciones en el diario que habían escrito en respuesta a la tarea asignada de la semana anterior. Rachel enseñaba sus dibujos, ya que aún no sabía escribir. Cada semana un miembro distinto de la familia elegía el tema de las anotaciones en el diario, que por lo general se basaba en algún asunto relacionado con el cambio de vida, como la nueva escuela, lo que más extrañaban de su vida anterior o algún recuerdo familiar.

- Ejercicio semanal: caminata o salir a pasear en bicicleta. Los cinco miembros de la familia pasaban cuarenta y cinco minutos cada semana realizando alguna actividad al aire libre. Era una maravillosa forma de conectarse entre ellos.
- Estrategia de las sillas. Después de que la familia empezó a mostrar señales significativas de mejoría, aprendieron la estrategia de las sillas.

El carácter poco convencional de esta familia (bajar de nivel de vida por decisión propia) conlleva muchos de los mismos problemas que provoca cambiar de vida por necesidad. Como ilustra el próximo relato, aunque los problemas de dinero en una familia son muy variados, es el sistema de valores el que debe seguir siendo el fundamento de la familia.

## La charla sobre dinero

Una niña de catorce años de edad empuja un carrito en una tienda Target, mientras la madre toma artículos de los anaqueles y los pone en el carrito. El carro está lleno de artículos domésticos de primera necesidad, como limpiador de pisos, servilletas de papel y detergente para ropa. La madre toma un vestido de un estante de ropa y lo pone en el carrito.

Hija: Ese vestido es horrible.
Madre: Oye, necesitas algo decoroso que ponerte para ir a la iglesia.
Hija: Sí, pero prefiero este otro vestido.

La hija toma otro vestido del estante. La madre lo toma y se fija en la etiqueta del precio.

Madre: Es demasiado caro. Regrésalo a su lugar.

La hija pone los ojos en blanco y duda.

Madre: Sin caras. ¡Déjalo ya!
Hija: ¡No puedo creerlo!
Madre: Dímelo a mí.

Resignada, la niña regresa el vestido. Mira de mala gana el vestido en el carrito, sabiendo que va a tener que ponérselo para ir a la iglesia todos los domingos durante el resto del año. Los ojos se le humedecen.

Hija: Mamá, ¿por qué nunca puedo…?
Madre: Mira, calla ya, ¿está bien? Tienes suerte de tener un vestido.

En vez de hablar cara a cara con su hija, la madre optó por la posición de espalda contra espalda y dejó escapar una oportunidad de oro para iniciar una charla sobre el dinero y los valores. Esta interacción pudo haber suscitado muchas emociones en la madre, como sentirse fracasada por no poder cumplir un simple deseo de la hija, resentimiento porque la hija espera que la cuiden mientras que no hay nadie que se haga cargo de ella, o un recordatorio general de la lucha cotidiana por el dinero. Sin importar la razón que sea, la comunicación franca y respetuosa pudo haber hecho mucho para acercarlas. Las reacciones intensas que ambas tuvieron ante el vestido, las emociones que las colocaron en la posición de espalda contra espalda, son precisamente la pasión que se requiere para solventar el conflicto.

Me preguntan a menudo si los problemas de dinero de los padres afectan a los hijos y, de ser así, si deben hablar con ellos del asunto. La

### Valores: El ratoncito de los dientes

La idea de un ratoncito que viene por los dientes de leche que se les caen a los niños es una forma perfecta de empezar una conversación con tu hija pequeña sobre valores. Cuando la ayudes a poner el diente debajo de la almohada, habla con ella sobre lo que puede esperar. ¿El ratoncito le traerá dinero? ¿Cuánto será: una moneda, dos o incluso diez? ¿Le dejará algún otro tipo de regalo? ¿O tal vez el ratón deje una nota? Junto con tu esposo decidirás, por supuesto, qué es apropiado que el ratón le traiga. Lo que sea que decidan, quedará grabado en la mente de su hija para siempre. (Y recuerden: ¡La expectativa de su hija puede ser que el ratoncito de los dientes vuelva otras diecinueve veces!)

respuesta sencillamente es que sí, claro que sí. Todo lo que te afecta también afecta a tus hijos. No hay duda de que si uno o ambos padres pierden su trabajo o enfrentan una reducción del ingreso familiar, los hijos se darán cuenta. Debes informar a tus hijos lo que está ocurriendo. Las preguntas adecuadas son: ¿Cuánto deben saber los niños? ¿A qué edad? Las respuestas son muy diferentes para cada familia. Sin embargo, a continuación te ofrezco una guía general:

- Escucha, escucha, escucha. Lo que tu hija pregunta o comenta acerca del dinero es un buen indicio del concepto que tiene de él, tanto a nivel emocional como en cuestión de desarrollo. Escucha lo que tiene que decir.
- Presta atención a tus emociones y trata de mantenerte neutral a la hora de discutir el tema con ella. Es más perceptiva de lo que imaginas.
- Explica a tu hija conceptos relacionados tanto con el dinero como con los valores.
- Establece normas. Los niños las necesitan, en especial cuando se trata de dinero. Comienza por darle a tu hija una mesada que dependa del cumplimiento de sus tareas cotidianas o alguna buena acción.
- Sé coherente. Si primero le adviertes: "No más DVD nuevos" porque intentas ahorrar un poco, mantente firme en tu posición y no llegues a casa llena de bolsas de compras.

La charla sobre el dinero y los valores no es algo que sucede una sola vez; en cambio, debe ser un diálogo continuo. No importa lo que decidas enseñar a tu hija por medio de tus palabras y actos, lo más importante es comenzar la conversación centrada en los valores y desde una posición cara a cara. Mientras más valores sólidos puedas inculcarle, más fuerte será, sin importar la circunstancia económica que atraviese. El dinero va y viene. Los valores son para siempre.

## EJERCICIO: DESEOS O NECESIDADES

Acostumbro pedirles a mis pacientes que aclaren sus conceptos relacionados con el dinero y los valores con un sencillo ejercicio en su diario. Puede ser una actividad divertida y, al mismo tiempo, muy esclarecedora para que la realicen juntas tú y tu hija. ¿Por qué no la pruebas?

Dale vuelta a la página de tu diario. Dibuja una raya vertical en medio de la página. Escribe en un lado: "Cosas que quiero que son valiosas para mí" y en el otro: "Cosas que quiero que cuestan dinero". A continuación verás un ejemplo de una lista de una madre de cuarenta y cinco años:

| Cosas que quiero que son valiosas para mí | Cosas que quiero que cuestan dinero |
|---|---|
| 1. Pasar la navidad con mis padres. | 1. Un televisor de pantalla plana. |
| 2. Ver a mis amigos de la universidad. | 2. Luces para mi cabello. |
| 3. Educación universitaria para mis hijos. | 3. Educación universitaria para mis hijos. |
| 4. Que mis hijos se sientan seguros. | 4. Un automóvil nuevo, ¡el que sea, sólo quiero que sea nuevo! |
| 5. Cenas en familia tres veces a la semana. | 5. Un reloj de pulsera fino. |

### Evaluación: Preguntas a considerar

Si realizaste la actividad sola:

- Observa si algo que escribiste es igual en las dos columnas (por ejemplo, el punto 3 de la lista anterior: "educación universitaria"). En este caso, algo valioso emocionalmente cuesta dinero, y lo contrario también es cierto.
- ¿Es posible obtener lo que te es valioso?
- ¿Estás en posibilidad de pagar las cosas que deseas y que cuestan dinero?

Si realizaste esta actividad con tu hija, agrega la siguiente pregunta:

- ¿Tienen algo en común sus listas?

Este capítulo ha examinado el sistema de dinero y valores dentro del ámbito familiar. Nuestro siguiente tema delicado es el divorcio, cuya causa, por irónico que parezca, es a veces los problemas de dinero. Aunque esta conexión no será el punto focal del capítulo, es interesante observar cómo cada uno de estos temas polémicos influye en los otros.

# 10 Divorcio

Un sábado temprano en la mañana, fuera de una cafetería, una mujer de mediana edad y su hija adolescente tienen una discusión acalorada en el estacionamiento. Tienen expresión de enojo y agitan los brazos a diestra y siniestra. Algunos minutos después se abrazan con fuerza. Ambas lloran. Una camioneta se detiene junto a ellas y se estaciona; un hombre de mediana edad baja del vehículo. Las dos mujeres se separan y lo saludan.

    Mujer joven: Hola papi.

    Madre: Hola Michael.

    Padre: Hola Jane. (Y luego, dirigiéndose a la adolescente) Hola Sandy, ¿estás lista?

    Mujer joven: Sip, deja voy por mis cosas. (Y luego) Te quiero, mamá.

    Madre: Yo también te quiero, Sandy.

Sandy saca una pequeña maleta del automóvil de su madre. El padre conversa de cosas intrascendentes con su exesposa. La puerta del copiloto de la camioneta se abre y baja una mujer de treinta y tantos años, ligera de ropas y, con actitud posesiva, toma del brazo al padre. La madre lucha por no perder la compostura mientras intenta conversar con la nueva novia del padre. Sandy arroja la pequeña maleta dentro de la camioneta del padre. El padre, la novia y Sandy suben al vehículo. La madre se despide con la mano mientras ellos se alejan. Luego, ella sube a su automóvil y se marcha.

El intercambio de hijos que realizan cada fin de semana los padres divorciados es una realidad para casi la mitad de las familias de Estados Unidos. En mi práctica profesional, las familias de padres divorciados representan casi la mitad de mis pacientes habituales. De ellos, 75 por ciento son madres e hijas. Como ocurre con los otros temas delicados que hemos analizado, hay ciertos factores básicos que influyen en que el divorcio sea una experiencia emocional muy intensa, sin importar los detalles específicos de la familia. Sin embargo, nada pone más a prueba la fuerza de la relación entre madre e hija que el divorcio. Más que cualquier otro problema, el divorcio provoca que la madre cuestione su identidad como mujer y como madre. A su vez, estos sentimientos pueden empañar fácilmente y en gran medida la comunicación entre madre e hija, lo que dificulta la relación en general.

Aparte de los cambios emocionales dentro de la unidad familiar durante el divorcio, en muchas ocasiones hay también cambios estructurales o incluso ambientales, como mudarse de casa, modificar la rutina diaria o cambiar de escuela. Estos cambios pueden empezar mucho antes del divorcio y sin duda continuarán mucho tiempo después de que éste se concrete. A medida que se desarrollan los acontecimientos, es importante que la madre y la hija sigan comunicándose de forma eficaz y en posición cara a cara. Esta comunicación es sumamente complicada incluso para una madre que ha realizado con diligencia su trabajo inicial y está armada con fuerza, equilibrio y claridad.

Un divorcio pone a prueba hasta a la relación madre-hija más sana. Ahora cuentas (además de tu fuerza, equilibrio y claridad) con la estrategia de las sillas para guiarte a través de este proceso tan difícil que alterará toda tu vida. El divorcio cambia a todos los miembros de la familia para siempre y, sin importar si tú iniciaste el proceso de divorcio o te viste arrastrada a él, eres responsable de guiar a tu hija para ayudarla a salir adelante.

La disolución de un matrimonio puede romper el vínculo legal entre marido y mujer, pero, a nivel emocional, es posible que este vínculo jamás desaparezca. Un divorcio significa el fin de una relación íntima para la madre. Incluso si esa relación se hubiera acabado mucho antes del divorcio oficial o acuerdo de separación, existe una finalidad diferente una vez que se firman los documentos. La segunda E de la lista S.W.E.E.P. de la madre, es decir, su expresión emocional del ser, ha cambiado.

La principal complicación para la madre es que después del divorcio, la relación con su exesposo cambia no sólo físicamente, sino también emocionalmente. La relación debe redefinirse y, en muchos sentidos, la madre debe poner distancia entre ella y el padre para conservar su fuerza, equilibrio y claridad. Al mismo tiempo, a menos que el padre sea peligroso, la relación de la hija con él (el exesposo de la madre) debe continuar para florecer emocionalmente. Parte de la responsabilidad de la madre es apoyar a su hija a través del proceso para que se mantenga conectada con el padre, que es precisamente el mismo hombre del que la madre intenta desconectarse. Este hombre será siempre el padre de su hija y, como tal, lo acepte o no la madre, la hija necesita que su padre participe en su vida por el bien de su desarrollo emocional. Así, la madre debe seguir comprometida con este esfuerzo, aunque el padre sea alguien con el que ella ya no tolera estar en una misma habitación o, peor aún, del que sigue locamente enamorada. Este sentimiento residual es lo que muchas veces determina el camino de la comunicación que la madre seguirá con su hija.

A lo largo de este libro hemos recalcado la importancia de la comunicación sincera y también la de que seas auténtica y tengas muy en claro quién eres. Un divorcio puede poner a prueba todo esto, en parte debido a que las reglas cambian. Así tiene que ser. ¿Por qué? Porque durante el divorcio surgen muchas situaciones entre tu expareja y tú de las que simplemente no puedes hablar con completa franqueza con tu hija. No hay una forma realmente adecuada para decirle, por ejemplo, que tu expareja es un canalla ruin e infiel. Aceptémoslo: cualquier solución adecuada para la edad de tu hija que se te ocurra para comunicarle estos mensajes no será apropiada. ¿Cómo podría serlo? Ésta es una de esas ocasiones en que la madre tiene que tragarse sus sentimientos, incluso si ha realizado con diligencia su trabajo inicial.

Para agravar la situación, la hija puede convertirse en un recordatorio consciente o subconsciente del hombre del que la madre se está divorciando. En algunos casos, la hija puede parecer una copia al carbón del ofensor. Los mismos ojos castaños y grandes, sonrisa seductora y un adorable hoyuelo en la mejilla, exactamente los mismos rasgos que alguna vez hicieron que la madre suspirara, ahora le dan náuseas. Pese a todo, la madre debe enfrentar el reto y conectar su mente con su corazón de forma equilibrada para poder comunicarse bien con su hija durante el proceso de divorcio. Además, el divorcio y la transferencia percibida de la sexualidad pueden entremezclarse; recuerda a Stephanie y su hija de diecinueve años, Liza, de quienes hablamos en el capítulo sobre el sexo. Parte de la transferencia percibida de la sexualidad de la madre se debía a sus sentimientos de insuficiencia tras el rompimiento de su matrimonio. Lo que es más importante, la verdad 4 (madres e hijas, en algún sentido, compiten entre sí) es muy evidente durante un divorcio. Así, ¡no es de extrañar que enfrentar un divorcio sea tan difícil!

Las decisiones de comunicación, conscientes o inconscientes, que una madre toma, ya sea para proteger a su hija o para obtener su apoyo, están llenas de emociones muy intensas. Por eso, estas decisiones con frecuencia producen el resultado contrario al que se deseaba. En esencia, la madre debe motivar a la hija para que se exprese lo más posible, aunque ella no pueda darse el mismo lujo. En mi experiencia, una madre en medio de un divorcio casi siempre escoge una de las dos siguientes rutas de comunicación con su hija:

1. Para proteger a su hija del sufrimiento, la madre comparte muy poco con la hija y la mantiene a distancia. Como consecuencia, la hija se siente sola, confundida y perdida. Y en cuanto a la madre, el hermetismo de la expresión emocional del ser (segunda E de la lista S.W.E.E.P.) con la hija respecto a todo lo que se relacione con el divorcio puede manifestarse de diversas maneras, como imponerle reglas estrictas, no tener paciencia con la hija o demostrar poco respeto por ella. Además, si la madre tiene resentimientos no resueltos o subconscientes por la relación floreciente de la hija con el padre, es fácil entender por qué esto puede avivar el fuego de la TPS.
2. Para recibir apoyo emocional, la madre toma a la hija como aliada o compañera y comparte demasiada información con ella, tratándola como una amiga. Puede que incluso revele detalles inapropiados sobre el divorcio o historias poco amables sobre el padre. A corto plazo, esta estrategia puede obstaculizar la relación de la hija con el padre, pero a largo plazo, acabará por dañar la relación entre madre e hija.

Cuando una madre toma la primera opción durante un divorcio, asume una posición de espalda contra espalda con su hija. Aunque ocultar la tristeza y el dolor a su hija puede parecer una decisión amorosa, no es éste el caso. ¿Cómo podría serlo? ¿Cómo puede una hija, que posiblemente pasa por el momento más difícil de su vida, sentirse amada, comprendida o respetada cuando su madre la ha alejado emocionalmente?

Cuando una madre toma la segunda opción, sigue la dirección contraria pero igualmente nociva. En ciertos sentidos, la madre se ha puesto en una posición lado a lado artificial con su hija al convertirla en su amiga. Ninguna hija desea estar en esa posición y ninguna madre debería colocar a su hija en ella.

## Tanya y Grace

En Estados Unidos, personas de todo el país me mandan preguntas después de consultar mi sitio web, y yo respondo a cada una de ellas. Aunque, desde luego, no es posible diagnosticar ni tratar a nadie en línea, puedo ofrecer consejo y orientación para que la persona recurra a los profesionales del cuidado de la salud apropiados. A continuación presento uno de los mensajes que recibí por correo electrónico:

> Estimado Dr. Sophy:
>
> Necesito ayuda con mi hija de siete años. Le van a realizar un estudio de resonancia magnética debido a los dolores de cabeza que ha estado sufriendo. Nunca me han hecho un examen de resonancia magnética, pero todos me dicen que puede ser intimidante, en especial para una niña pequeña. ¿Cuál es la mejor forma de prepararla para que no tenga miedo? Me dijeron que no puedo estar en la habitación con ella durante el examen, así que estoy muy nerviosa al respecto. Por favor aconséjeme sobre esta situación.
>
> Gracias,
>
> Tanya

Le respondí a Tanya para obtener más información. Por su respuesta me enteré de que su hija, Grace, sufría de dolores de cabeza desde hace poco, pero parecían ser muy intensos. Al parecer, el pediatra no les dio importancia, por lo que Tanya buscó una segunda opinión. El nuevo pediatra, aunque tampoco se alarmó, indicó un examen oftalmológico y un análisis de sangre. Ninguno de los estudios mostró indicios de algo serio, lo que era, por supuesto, una buena noticia. Sin embargo, para estar seguros, ordenó un estudio de resonancia magnética como medida precautoria. Debido a que vivían en las afueras de Los Angeles, Tanya me pidió si podía ver a Grace antes del examen, lo cual hice con mucho gusto. Para ahorrar tiempo, pedí que Tanya y Grace asistieran juntas a la visita inicial. Además, le comenté que necesitaba comunicarme con el pediatra antes de la cita para averiguar otra información médica pertinente.

Cuando hablé con el pediatra, me dijo que los dolores de cabeza de Grace habían comenzado hacía dos meses. De acuerdo con la madre, los peores dolores de cabeza ocurrían por las noches del domingo después de la práctica semanal de softball de la niña. El médico reiteró que el estudio de resonancia magnética era una medida precautoria e indicó que la causa probable de los dolores era la actividad física que implicaba jugar softball. Le pregunté si había revisado el expediente del primer pediatra, y de ser así, si había algo relevante en el historial médico. Mencionó que dos años antes, Grace había sufrido de dolores estomacales durante varios meses, pero que ningún examen mostró nada serio. Aunque sabía muy poco sobre Grace en ese momento, tenía la sensación de que había algo más respecto a los dolores de cabeza que sólo un malestar físico.

Tanya y Grace fueron a verme un viernes por la tarde y llegaron quince minutos retrasadas a la cita. Antes de que pudiera saludarlas, Tanya, mortificada y contrita, explicó su demora: "Tuve que hacer las maletas de esta niña para el fin de semana con su padre. Ya sabe cómo es eso…".

Miré a Grace y sonreí. Ella me respondió con una sonrisa dulce.

Grace: Tengo sed. ¿Tiene jugo?

Madre: ¡Grace! (Luego, volteó a verme) Doctor Sophy, sólo déle agua, si tiene, por favor.

Dr. Sophy: Tienes suerte. Da la casualidad de que sí tengo jugo.

Grace: ¿De qué es el jugo?

Madre: ¡Grace, basta!

Dr. Sophy: No se preocupe, Tanya, de verdad. (Luego, dirigiéndose a Grace) ¿Manzana?

Grace sonrió y levantó el pulgar para aceptar. Tomé una caja de jugo (siempre tengo jugo para los niños) y se la di a Grace. En ese momento, le expliqué a Grace que su madre y yo pasaríamos unos minutos a solas en mi consultorio, mientras ella esperaba en la recepción. Le agradó mucho la idea. Tenía su jugo y vio que en la sala de espera había cosas divertidas con las que podía jugar. Grace era una niña de siete años muy segura y competente.

Una vez que Tanya y yo nos quedamos a solas en mi oficina, le pregunté sobre el fin de semana con el padre. Ella explicó que se había divorciado de Bob, el papá de Grace, y que éste era el fin de semana que le tocaba a él cuidarla. Y se apresuró a añadir: "No es que él sepa lo que significa cuidar a una niña. Es un completo fracasado". Tanya me explicó que su relación inicial había sido meramente física, y que si era totalmente sincera, se había dado cuenta desde la primera cita de que no había oportunidad de que hubiera nada más. Bob llegó tarde, la llevó a un "restaurante barato" y, para colmo, le pidió que lo ayudara a cambiar un neumático de regreso a casa. Sin embargo, sus graciosos hoyuelos en las mejillas la conquistaron, y acabaron en la cama en esa primera cita. En la segunda cita, sucedió lo mismo, sólo que en esa ocasión ella salió embarazada. Se casó con él al poco tiempo. Fue un grave error. Cuando Grace tenía cuatro años de edad, Bob se había enamorado de otra mujer y en cuanto Tanya lo descubrió, lo echó de la casa. Me confesó: "Para ser franca, fue el día más feliz de mi vida".

Sin considerar los actos de Bob, la actitud de Tanya hacia su exesposo era tan negativa y se le hacía tan fácil hablar mal de él que yo sólo podía imaginar lo que Grace había oído de su padre. Y aunque la prioridad inmediata era hacerle a Grace el estudio de resonancia magnética, me quedaba claro que Tanya necesitaba mucha ayuda para enfrentar bien el divorcio, cosa que saltaba a la vista que no había logrado.

Antes de hablar de los planes para la resonancia magnética de Grace, le pedí a Tanya que me contara más de las actividades diarias de la niña para que pudiera determinar la mejor manera de prepararla para el estudio. Tanya explicó que ella y su hija vivían solas desde hacía dos años, cuando se divorció. Tanya aprovechó la oportunidad para volver a hablar mal de Bob, al que describió como un hombre "malo, egoísta y el peor padre del mundo". Le pregunté si Bob las había maltratado de alguna forma y contestó: "No, para eso se necesita demasiada energía y Bob es un verdadero holgazán". Explicó que Bob se había dado tiempo para ver a su hija sólo a últimas fechas. Ahora se llevaba a la niña un fin de semana al mes y todos los domingos de tres a cinco de la tarde. Así era el plan que habían acordado. La actitud de Tanya hacia Bob reflejaba la posición muy arraigada de espalda contra espalda que Grace había presenciado entre su madre y su padre.

Le pregunté a Tanya qué hacían los domingos, ya que eran los días en que los dolores de cabeza de Grace empeoraban. Por lo general iban a la iglesia por la mañana, comían con amigos y luego, desde hacía muy poco tiempo, Grace y su padre jugaban softball por la tarde. Después de eso, Tanya recogía a Grace en el parque, cenaban fuera y luego regresaban a casa por la noche. Tanya notó que los dolores de cabeza se habían vuelto tan intensos que Grace y ella no habían podido celebrar su acostumbrada "noche de chicas". Le pregunté en qué consistía la noche de chicas. Explicó que en los últimos meses, cada domingo por la noche se daban manicure y charlaban. Habían comenzado un domingo cuando Grace volvió de su fin de semana con Bob y se veía triste. Para animarla, Tanya le sugirió una noche de chicas.

> Dr. Sophy: ¿De qué hablan?
>
> Tanya: Lo que sea que se le ocurra a ella o a mí. En realidad, hablamos de cualquier cosa.
>
> Dr. Sophy: ¿Hablan de Bob durante la noche de chicas?
>
> Tanya: ¡Por supuesto! No sería una noche de chicas si no nos riéramos de él.
>
> Dr. Sophy: ¿Consideraría que Grace extraña la noche de chicas?
>
> Tanya: Estoy segura de que sí, pero ¿qué podemos hacer? En cuanto saco el barniz de uñas, su dolor de cabeza se vuelve muy intenso.

En ese momento comprendí que la noche de chicas no era nada bueno, ya que implicaba despotricar contra el padre de Grace. Tanya había convertido a Grace en su amiga de divorcio. Tuve la fuerte sospecha de que Grace se sentía incómoda, y que este ritual, de alguna manera, bien podría ser la razón por la que sufría de esos dolores de cabeza. Para Grace era una forma consciente o subconsciente de librarse de tener que hablar mal de su padre (para hacer sentir bien a la madre).

En ese momento, le pregunté a Tanya sobre los dolores de estómago que Grace había tenido algunos años atrás. Tanya los recordaba vagamente, pero señaló que habían sido durante el tiempo en el que Bob y ella se separaron. Me contó: "Estaban sucediendo muchas cosas". Bob y ella peleaban como perros y gatos, él estaba en el proceso de mudarse y, encima de todo, Grace tenía dolores de estómago. Resultó no ser nada que un medicamento común no pudiera resolver.

El tiempo se agotaba y no había tenido oportunidad de conversar sobre el estudio de resonancia magnética. Tampoco había tenido tiempo de explicarle a la madre lo que yo consideraba que era la causa de los dolores de cabeza. Lo que hice fue pedirle que llamara a Grace y le dijera que las noches de chicas de los domingos habían terminado. En su lugar, los domingos por la noche, después de la cena, harían actividades como dibujar con acuarelas, jugar con plastilina o cocinar... si Grace quería. Los domingos, cuando Tanya fuera a recoger a Grace al parque después de jugar con Bob, le recordaría el plan y lo intentarían (siempre que no le doliera la cabeza a la niña). Si comenzaban la actividad, las conversaciones girarían en torno de la propia actividad y no se centrarían en hablar mal de nadie, en especial de Bob, que finalmente era el padre de Grace. Mientras tanto, le dije a Tanya que quería hablar con el pediatra para preguntarle si no tenía inconveniente en posponer el estudio de resonancia magnética una semana, para permitirme ver a Grace una vez más antes del estudio. Tanya accedió y se sintió aliviada de contar con una semana más. Sin embargo, no tenía idea del trabajo que iba a tener que realizar. Con el plan trazado, la madre salió por Grace a la sala de espera.

Grace había hecho un dibujo para dárselo a su padre; orgullosa, se lo enseñó a su madre.

Grace: ¿Qué te parece?

Aunque se esforzó por ocultarlo, me di cuenta del resentimiento que reflejó la cara de Tanya por el hecho de que Bob recibiera algo tan precioso de su hija. Y Grace, que era muy lista, lo percibió también.

Grace: ¿Está bien?

Tanya: (Un poco forzada) Tu dibujo está muy bonito.

Grace: Gracias, pero... quiero decir... ¿está bien si se lo regalo a mi papi?

Tanya: Claro. ¿Por qué no habrías de dárselo?

Me quedaba claro que Grace conocía a la perfección los sentimientos negativos que Tanya albergaba contra su padre. Le pedí a Tanya que le contara a Grace lo que conversamos.

Tanya: Mira, tengo una idea sobre algo que tú y yo podríamos hacer el domingo por la noche después de que te recoja del parque.

Noté cómo cambió la expresión de Grace en cuanto Tanya mencionó las palabras domingo por la noche.

Tanya: ¿Por qué no vamos a ese lugar donde hacen productos de barro, o tal vez cocinamos algo especial?
Grace: ¿En serio? Eso suena divertido.

Con el plan en marcha, nos despedimos y le pedí a Tanya que me llamara el domingo por la noche después de que Grace se hubiera dormido para que me contara cómo les había ido. Como sospeché, cuando llamó el domingo, Tanya me informó que no le había dolido la cabeza a Grace, la primera ocasión en siete semanas consecutivas que no tenía dolor. Tanya estaba sorprendida.

El lunes por la mañana llamé al pediatra. Le conté esta información reciente y estuvo de acuerdo conmigo en que esos dolores de cabeza eran provocados por angustia o tensión. Sospeché que era lo segundo, dolores de cabeza por tensión. El doctor consideró que el estudio de resonancia magnética podía posponerse y que tal vez no sería necesario después de todo, por lo menos no hasta que yo tuviera una última sesión con Grace y Tanya. (He tenido muchos casos en los que he tratado a hijos de padres divorciados con síntomas misteriosos que resultaban ser fingidos para llamar la atención o eran psicosomáticos.)

Algunos días después, las dos regresaron a mi consultorio. Con confianza, Grace entró, pidió jugo de manzana y nos dijo a su madre y a mí: "Estaré en la sala de espera si me necesitan". Le expliqué que en esta ocasión ella nos acompañaría en mi consultorio. Accedió con gusto. Nos sentamos y le pregunté a Grace acerca de las cosas de arcilla que había hecho el domingo por la noche con su madre. Con los ojos llenos de emoción, me contó:

Grace: ¡Pinté un tazón yo sola! Con estrellas y un corazón, para que se viera bonito.
Tanya: Quedó muy bonito de verdad, doctor Sophy. Estará listo para ir a recogerlo esta semana. ¡Incluso yo hice un tazón!

La madre me miró buscando aprobación; estaba muy orgullosa de sí misma. Asentí con la cabeza y sonreí.

Dr. Sophy: ¡Qué noche tan divertida pasaron! Imaginen cuando puedan comer juntas helado o cereal en sus tazones.

Tanya: Es una excelente idea. (Dirigiéndose a Grace) ¡Vamos a hacer una fiesta con helado el próximo domingo por la noche!

Grace estaba callada, y de repente se entristeció mucho.

Dr. Sophy: ¿En qué piensas, Grace?

Grace: En papá... Él no tiene un tazón. ¿Podemos volver el domingo por la noche para hacerle uno?

Tanya: Pero ¿qué hay de nuestra fiesta con helado?

Una vez más, los celos y el resentimiento de Tanya quedaban al descubierto. Grace no dijo nada. Todo lo que Tanya había despotricado contra el padre había acercado a la niña a él, en lugar de darle a la madre una aliada. Por supuesto, es bueno para una hija tener una relación cercana con su padre, pero no con eso como catalizador. Me volví a mirar a Tanya. Ella sabía lo que había dicho y tuvo que acceder.

Tanya: Sí, podemos hacerle un tazón a papá. Claro que podemos.

Grace: ¡Gracias!

Entonces le pedí a Grace que regresara a la sala de espera mientras su madre yo conversábamos un poco más. Salió sin rechistar.

Tanya: Entonces, ¿qué piensa de este asunto del examen de resonancia magnética?

Dr. Sophy: Francamente, no creo que lo necesite. Creo que la causa de los dolores de cabeza es el estrés y la tensión que le produce el hecho de que Bob y tú no hayan resuelto su situación. Grace comprende mucho más de lo que usted cree.

Tanya: ¿Qué es lo que comprende? ¿A qué se refiere exactamente?

Dr. Sophy: Comencemos por esto: Dígame cómo se siente cuando piensa en ayudar a Grace a hacer un tazón de helado para Bob.

Tanya: Me desagrada. ¿Por qué demonios habría de querer hacerle un tazón de helado?

Dr. Sophy: Muy bien, tiene razón. ¿Qué cree que eso signifique?

Tanya: Que lo odio, porque así es, lo odio.

Dr. Sophy: ¿Sabe usted qué es lo contrario del amor?

Tanya: Claro que lo sé: el odio.

Dr. Sophy: No, en realidad lo contrario del amor es la neutralidad.

Tanya: Entonces, ¿qué es lo que está diciendo?

Dr. Sophy: Que es muy evidente que usted tiene sentimientos fuertes por Bob, aunque sean negativos. Necesitamos trabajar con esto para que pueda llegar a una posición más neutral, tanto por usted y su salud, como por su hija.

Le expliqué a Tanya que el verdadero objetivo de nuestro trabajo era analizar sus sentimientos hacia Bob y el divorcio. Si lo hacía y aclaraba sus ideas, sería más libre de permitir que la relación de Grace con Bob fructificara y, a su vez, todos se beneficiarían. Tal como estaban las cosas, Tanya dificultaba que Grace se sintiera cómoda de relacionarse con su padre. Esto tenía que acabar; Grace necesitaba sentirse segura para amarlo.

En general, no soy el tipo de psiquiatra de diván que pasa seis meses dedicado al trabajo que Tanya requería. Doy a mis pacientes las herramientas concretas para que puedan comenzar su recuperación de inmediato. De hecho, una de las razones por las que propuse que ella ayudara a fabricar el tazón de helado para Bob, es que el proceso físico de hacer algo por él iniciaría el proceso de curación. Tanya necesitaba hacerlo debido a que era importante para Grace, sin importar cómo se sintiera al respecto. Era hora de que Tanya adoptara con firmeza una posición cara a cara con Grace en todas las comunicaciones concernientes al padre. Y una vez que esto sucediera (ya había comenzado), estaba seguro de que los dolores de cabeza de Grace, que eran su propia versión de la posición de espalda contra espalda, pasarían a ser un problema del pasado.

Antes de que Tanya y Grace se marcharan ese día, Tanya se comprometió conmigo a trabajar para poner en orden su vida. Para ella, era más una labor de deshacer que de trabajo inicial. Esto es lo que hicimos.

*Plan de tratamiento para Tanya y Grace*

La tarea que la madre debía realizar para deshacer el daño incluyó todo lo que has hecho en tu trabajo inicial con unas pequeñas variantes:

- El ejercicio de la primera mirada: Le pedí que prestara especial atención al papel de Bob en el nacimiento de Grace y que se enfocara en algo positivo que él hubiera ofrecido durante el embarazo y el proceso de dar a luz.
- Las cuatro verdades, con especial atención a la verdad 1: Madres e hijas quieren lo mismo: amor, comprensión y respeto (lo principal). La idea que tanto Tanya como Grace necesitaban estas cosas, en especial en lo que se refería al divorcio, era la clave.
- La lista S.W.E.E.P., con especial atención a la segunda E. Ésta es la parte de la vida de la madre que cambió drásticamente y necesitaba el mayor impulso.
- La idea de considerar a Grace como una oportunidad tenía ahora mayor fundamento. Dado que Grace observaba a Tanya con mucha atención (como todas las hijas lo hacen con sus madres), aprendió mucho de ella durante el divorcio sobre las relaciones entre hombres y mujeres. Tanya debía prestar atención especial a esto.
- La madre comenzó a escribir un diario; empezó con su lista de necesidades insatisfechas y continuó con sus pensamientos sobre su vida como madre soltera.
- Grace también comenzó a escribir un diario, que debía llevar con ella incluso los fines de semana que pasaba con el padre. En este diario, Grace escribiría, dibujaría o pegaría estampas; en esencia, lo que ella quisiera para expresarse.
- Los domingos por la noche serían noches de madre e hija, y se alternarían para elegir las actividades.

## Fran y Roslyn

Fran fue a verme varios meses después de su graduación de la universidad. Era una mujer atractiva y joven, alta y delgada, de ojos verdes, cabello rojo hasta los hombros y rostro pecoso atrayente. En nuestra primera sesión me contó que próximamente se mudaría a la ciudad de Nueva York para comenzar un nuevo trabajo en publicidad. Mudarse a la ciudad era una idea que siempre había tenido, y estaba muy emocionada con la oportunidad que se le había presentado. En realidad, Fran había vivido ahí los primeros tres años de su vida hasta que sus padres se divorciaron y ella y su madre regresaron a Los Angeles. Ya que toda la familia de su madre vivía en California, la madre pensó que era el mejor lugar para criar a Fran. Su padre era un empresario que tenía negocios internacionales y viajaba mucho, pero cuya residencia principal era Manhattan. Durante gran parte de su vida, Fran había visto a su padre una o dos veces al año, cuando él viajaba a Los Angeles; sin embargo, se sentía muy apegada a él. En la actualidad los viajes del padre ya no eran tan frecuentes, y pasaba cada vez más tiempo en Manhattan.

Además de aprovechar esta increíble oportunidad laboral, mudarse a Nueva York le permitiría reconectarse con su padre. También le habían ofrecido un trabajo en Los Angeles, y había estado considerando ambas ofertas. Cuando Fran le dijo a su madre que había preferido el trabajo en Nueva York al que le ofrecían en Los Angeles, su madre se molestó mucho y preguntó por qué quería marcharse tan lejos cuando había una oportunidad cerca. Fran le dijo a su madre, con completa sinceridad, que ambos trabajos eran igualmente atractivos, pero que mudarse a la costa atlántica le daría la oportunidad de estrechar la relación con su padre. En ese punto, la madre se enfureció y gritó: "¡No podrías importarle menos a ese hombre! ¿Acaso no te das cuenta? ¡Te romperá el corazón!".

Aunque Fran comprendía la reacción de su madre, se sentía segura de que mudarse a Nueva York era la opción correcta para ella. Cuando la sesión estaba a punto de concluir, le pregunté si creía que su madre podría acompañarnos. Concertamos una cita para la siguiente semana y planeamos una sesión conjunta para Fran y su madre.

La semana siguiente, Fran llegó sola y sumamente molesta. Me contó que su madre se había rehusado a venir a terapia y que en ese momento le retiró el habla. Pasamos la sesión completa conversando sobre su vida con la madre y sin el padre. Fran me comentó que su padre simplemente no existía para su familia. Su mamá jamás lo mencionaba. Sin embargo, cada vez que Fran lo veía, que no era muy seguido, sentía una profunda conexión con él. Para ella, casi no importaba que pasaran muy poco tiempo juntos, porque siempre sentía su presencia.

Fran recordó que le dijo esto a su madre cuando tenía ocho años de edad mientras cenaban tranquilamente en la playa. Su madre no respondió nada. Pensando que tal vez no la había oído, Fran repitió la afirmación. "Te oí perfectamente la primera vez", contestó su madre, y luego cambió el tema. Ésa fue la última vez que recordaba haber hablado con su madre sobre su padre, hasta ahora. Fran sabía que su madre no tenía ninguna intención de compartir los detalles de su doloroso divorcio. Ahora que Fran era adulta, quería fortalecer la relación con su padre, aunque él hubiera herido mucho a su madre. Fran era una joven muy valiente.

Aunque yo no conocía a su madre, le expliqué a Fran que muchas mujeres sobrellevan el divorcio cerrándose emocionalmente. Parecía que esto era lo que su madre había hecho. Además, debido a que había muy poca comunicación sobre los sentimientos de su madre acerca del padre y del divorcio, en general Fran tenía muy poco con qué trabajar. Con base en la reacción que la madre había tenido al enterarse de los planes de Fran de marcharse, era evidente que todavía estaba herida, ya que nunca había resuelto sus sentimientos sobre el padre y el hecho de que él ya no formara parte de su vida. También era muy posible que la madre estuviera celosa y resentida con Fran porque ella tenía la oportunidad de acercarse a este hombre de quien probablemente seguía enamorada. La reacción de la madre con Fran ante la noticia de su inminente partida parecía ser una proyección de su propio sufrimiento: "¡No podrías importarle menos a ese hombre! ¿Acaso no te das cuenta? ¡Te romperá el corazón!". Todo hacía sentido para Fran. La exhorté a que continuara intentando acercarse a su madre con llamadas telefónicas, mensajes por correo electrónico o lo que fuera necesario; y también que hiciera su mejor esfuerzo por verla antes de mudarse a Nueva York.

Sin conocer a la madre, no podía estar seguro, pero me parecía que la actitud que había adoptado frente a su exesposo era por amor, sobre todo para proteger a su hija. Era como si la madre pensara que había tomado una posición lado a lado respecto al padre, cuando en realidad su comportamiento era una clásica postura de espalda contra espalda que provocaba aún más dolor y confusión. Aunque también me decepcionó que la madre de Fran no hubiera ido con ella, me dio mucho gusto cuando llamó algunas semanas después para pedir una cita.

Escultural, pero muy tímida, Roslyn entró muy nerviosa en mi consultorio. Tenía cabello corto canoso y una hermosa sonrisa. Desde el momento en el que se sentó, noté que estaba reprimiendo las lágrimas. Le comenté que me daba mucho gusto que hubiera decidido ir a verme, y lo maravillosa que era Fran. Fue entonces cuando comenzó a llorar.

Roslyn: Sí, Fran es maravillosa. Y siempre creí que estaba haciendo lo correcto con ella, siempre.

Dr. Sophy: ¿A qué se refiere?

Roslyn: Traté de protegerla. Creí que eso era lo que las madres debían hacer.

Roslyn me explicó lo desolada que se había sentido cuando Alex, el padre de Fran, le pidió el divorcio. Surgió de la nada. En ese tiempo, tenían siete años de estar juntos y cinco de casados, por lo que ella estaba anonadada. Él simplemente quería terminar el matrimonio y no dio ninguna razón de peso. Su trabajo requería que le dedicara mucho tiempo, viajaba mucho, y él pensaba que era mejor no intentar siquiera hacer funcionar su matrimonio. Alex no le dio opción a Roslyn en el asunto, por lo que ella empacó y se mudó de regreso a Los Angeles una semana después. Aunque él le dijo que amaba a su hija, simplemente nunca tenía tiempo para cultivar la relación con ella y se conformaría con tener presencia mínima en la vida de Fran.

Roslyn: Bueno, pues ya lo sabe. El amor de mi vida se esfumó.

Dr. Sophy: ¿Fran sabe que él era el amor de su vida?

Roslyn: Por supuesto que no. ¿Por qué habría de saberlo?

Este hecho en realidad era positivo, algo de lo que Fran se hubiera beneficiado de saber. En su lugar, se le había hecho creer que nunca había habido amor entre ellos. Los sentimientos de abandono de Roslyn provocaron que ella reaccionara como lo hizo con respecto a su esposo, y ahora, una vez más, Roslyn se sentía de nuevo abandonada, sólo que esta vez por su propia hija. Era mucho más de lo que podía soportar.

Roslyn: Ya no sé qué hacer. Por favor, ayúdeme.

Empezó a llorar.

Dr. Sophy: Tengo que decirle, Roslyn, que con lo que me acaba de contar, ha empezado a ayudarse usted misma.

Roslyn: ¿Cómo es posible?

Dr. Sophy: Usted ha comenzado con la verdad, con los sentimientos que le inspiraba Alex. ¿Cuándo fue la última vez que habló sobre el hecho de que alguna vez lo amó?

Roslyn: Hace años, décadas.

Dr. Sophy: La verdad es buena, Roslyn.

Ella guardó silencio.

Roslyn: Quisiera hablar con Fran. Ella intentó muchas veces comunicarse conmigo antes de irse, pero no le respondí. Quizá no vuelva a hablarme nunca.

Le dije a Roslyn que eso no era cierto. Fran la amaba y no descansaría hasta que volviera a establecerse la conexión con ella. Acordamos organizar una llamada en conferencia para los tres, que tuvo lugar la semana siguiente. Antes de la llamada, Roslyn y yo tuvimos una sesión más.

Hablamos de la importancia de aceptar la relación que Fran había establecido con su padre. Cuanto más segura se sintiera Fran de hablar sobre su padre, tanto mejor sería la conexión entre madre e hija. El apoyo de la madre a esta relación era fundamental para reparar el daño que existía ahora en su relación con Fran.

Roslyn comenzaba a comprender. Sus sentimientos residuales hacia el padre, aunque ella creía haberlos ocultado muy bien, la habían convertido en una mujer con un gran vacío emocional; ésa era la madre que Fran conocía y aun así amaba. Roslyn empezó a darse cuenta de que, por su propio bien y también en beneficio de la relación con su hija, necesitaba encontrar un lugar en su vida para su exmarido.

Habría acontecimientos maravillosos en el futuro, acontecimientos que, sin duda, requerirían que los tres estuvieran juntos. Sin embargo, es difícil ayudar a una madre a comprender y responsabilizarse de cómo sus decisiones de comunicación poco saludables afectan la relación que tiene con su hija, en especial porque la mayoría del tiempo ha tomado esas decisiones con la esperanza de crear una mejor relación con su hija.

Una de mis pacientes que atravesaba por un divorcio me dijo algo que jamás olvidaré. Me estaba explicando cómo se dio cuenta de que había llegado la hora de dejar a su esposo. En ese momento, aunque las cosas no iban bien entre ellos, no estaban listos del todo para dar el siguiente paso.

## La charla sobre el divorcio

Un divorcio pone a prueba la fuerza y la resistencia de la relación madre-hija más que cualquier otro asunto delicado, y las repercusiones de este acontecimiento desgarrador duran toda la vida. La mejor manera de asegurar que la relación con tu hija se mantenga fuerte y saludable es permanecer en la posición cara a cara con ella. Y recuerda:

Procura que tu hija mantenga la relación con su padre. No le hace bien a nadie y, de hecho, podría provocar un grave daño: que la relación con el padre sea demasiado tensa.

Trata de mantenerte en términos cordiales con tu ex. Puede que ya no estén casados, pero siempre será el padre de tu hija.

No permitas que tu enojo, resentimiento, odio o amor por tu exesposo empañen la relación con tu hija. No es sencillo, lo sé, pero haz tu mejor esfuerzo. Cuando sientas que quieres decir algo poco amable sobre tu ex, *no lo digas*. Tu relación con tu hija depende de ello.

---

Se sentían orgullosos de que su hija de cuatro años de edad, Julia, nunca los había visto pelear ni ofenderse, y creían que mientras pudieran hacerlo (mantener la apariencia de una feliz pareja) tendrían tiempo para resolver las cosas. Una noche, mientras la madre arropaba a Julia a la hora de acostarse, la pequeña preguntó: "¿Por qué no quieres a mi papi?". La pregunta dejó perpleja a la madre.

—¿Por qué me preguntas eso? —quiso saber la madre.

—Porque nunca le hablas como me hablas a mí —contestó la niña—. Nunca le dices a mi papá que lo quieres.

Julia tenía razón. Y era muy significativo.

Uno de los retos más difíciles que enfrenta una madre durante la dinámica del divorcio es seguir siendo franca, abierta y mantener una sana comunicación con su hija. Las emociones fuertes complican el reto aún más. La estrategia de las sillas ofrece seguridad y un marco dentro del cual puede darse la comunicación eficaz para que se refuerce el vínculo entre madre e hija durante esta difícil transición.

# Epílogo

Comenzamos juntos este camino con un salto de fe. Te pedí que te comprometieras con un proceso del que sabías muy poco. Lo hiciste. Te pedí sinceridad en tu participación. Me la diste. Y te pedí que confiaras en que el proceso te daría resultados positivos. Confiaste en mí. Mi esperanza es que, a cambio, sientas que realmente te encuentras al inicio de una relación más sana no sólo con tu hija, sino contigo misma, basada en el amor, la comprensión y el respeto. Esto es lo que ambas quieren, y mientras continúes avanzando hacia la posición lado a lado, esto es lo que las dos tendrán.

No te equivoques, la relación que tienes con tu hija es, y siempre será, un trabajo continuo. Cada día es un nuevo reto. Nuevos e inesperados desafíos ocuparán el lugar de los problemas y las soluciones de ayer. Mi esperanza es que la perspectiva que ahora tienes como madre siga guiándote en una dirección sana y amorosa con tu hija. El trabajo inicial que has realizado y las herramientas con las que ahora cuentas te apoyarán en esta dirección, y te darán la fuerza, el equilibrio y la claridad que necesitas, por siempre. También espero que haber conocido, aunque fuera brevemente, los casos de otras madres e hijas, por lo menos haya reforzado la idea de que no estás sola.

Aunque este libro se centra en ti, como madre, recuerda que también eres hija. Has experimentado las dos caras de la moneda que este libro describe. Como madre, has sido la que ha buscado y aceptado las ideas de este libro y has incorporado la estrategia de las sillas a tu vida para que tú y tu hija puedan relacionarse de una forma más amorosa. Y ahora que estás equipada con fuerza, equilibrio y claridad como madre, te pido que reconsideres también tu papel como hija. Puede que tu madre haya leído este libro contigo. Ojalá sea así. Si no, he aquí una oportunidad para que retomes tu papel como conductora designada, sólo que esta vez debes acercarte a tu madre. Vale la pena considerarlo.

    Piensa que la travesía de toda la vida con tu hija es como si tuvieran que sortear una tormenta. Aunque luchas por pasar a través de la lluvia y el viento, ambas añoran sentirse protegidas de los elementos. Aunque las dos imaginan un lugar en calma —alrededor de una fogata, envueltas en una cobija abrigadora—, eres tú, madre, la que conoce el camino que las conducirá hasta ahí. Cuando las grandes tormentas de la vida caigan con fuerza, eres tú quien protegerá a tu hija de los relámpagos y le ofrecerá el refugio que ella necesita. No hay nada en este mundo que se compare con el alivio y consuelo que brinda abrir la puerta después de una mala racha, y descubrir, al tiempo que ambas abren los ojos a la vida, que el fuego familiar en la chimenea y el cobijo están de nuevo a su alcance. Han llegado a su hogar. Tú, madre, eres ese hogar.

    El poder que tienes es increíble, y no tiene fin. No importa dónde estés ahora, no importan tus circunstancias, eres una de las fuerzas más poderosas del planeta. Como individuo, tienes el poder de lograr lo que sea dentro de la relación única que tienes con tu hija. Juntas, tú y tu hija, no hay nada que no puedan lograr. Recuerda esto mientras las dos avanzan un día a la vez. El poder es tuyo desde el principio, y estoy seguro de que ahora podrás hacer uso de este poder en modos más eficaces y amorosos.

    Tu hija espera.

# Agradecimientos

El perfeccionamiento de mis habilidades clínicas a lo largo de los últimos veinte años ha dado por resultado las estrategias y ejemplos presentados en las páginas anteriores. Sin embargo, para escribir este libro, estoy particularmente en deuda con todas las personas y familias que me han abierto sus vidas y se han colocado en una posición vulnerable mientras trabajábamos juntos para alcanzar la meta del bienestar emocional.

También agradezco a The Agency Group por darme la estructura de Lado a lado; a Mindy Werner, por darle vida y hacerla funcionar; y un agradecimiento especial a mi fantástica editora, Cynthia DiTiberio, de HarperOne. Lo más importante, quiero manifestar mi profundo agradecimiento a mi familia por su apoyo incansable, sabiduría y guía, porque sin ellos, todos mis esfuerzos carecerían de sentido.

Esta obra se imprimió y encuadernó
en el mes de enero de 2013,
en los talleres de Reinbook S.L.,
que se localizan en la Av. Barcelona, nº 260,
Polígono Industrial El Pla,
08750, Molins de Rei (España)